사 랑 을 찾 아 갈   거 야

세상이 이토록 어지럽고 소란스러운데, 그 속에서도 자신의 자리를 찾아 부지런하게 움직이고 부단하게 사랑을 이어가는 이의 뒷모습을 사랑하지 않기란 어려운 일이다. 이 책은 바로 그렇게 사랑을 이어 나가려는 꾸준함과 성실함의 기록이다.

이 책을 읽는다면 당신 또한 이 책이 그리는 부지런한 사랑에 동참하고 싶어질 것이다. 내가 그러했듯이.

— 황인찬(시인)

이 글을 쓰면서 고민을 좀 했다. 규환과 내가 아는 사이임을 밝히는 게 나을지, 일면식도 없는데 그의 글이 너무 좋아서 독자들에게 진짜 진짜 추천하고 싶어서 추천한다고 해야 책 판매에 기여할 수 있을지. 지인의 추천사란 "뭐야, 어차피 친하니까 추천하는 거잖아?"라고 오해할 수도 있으니까. 그래서 일단 나는 정규환 작가와 전혀 아는 사이가 아니고 정말이지 그의 단정한 산문에 감복한 나머지 세상에 이런 훌륭한 책이 널리 널리 읽혔으면 해서 추천사를 쓴다고 해두고 싶지만, 생각해보니 그가 〈빅이슈코리아〉에 기고를 해온 사실을 작가 소개에 쓰고 내가 그 잡지의 편집장임이 알려지고 나면 우리의 친분을 속일 수가 없겠다 싶어졌다. 근데, 그와 전혀 친분이 없다고 해도 정규환 작가의 글이 좋아서 사람들이 제발 이 책 좀 읽었으면 해서 추천사를 쓰는 것만은 진짜다.

규환은 내가 대학생 잡지를 만들 때 대학생 기자단으로 만났다. 이상하게 나는 일을 하면서 글을 써줄 사람이 필요할 때마다 규환을 찾았다.

규환은 이상한 애였다. 딱히 나에게 커밍아웃을 하지도 않았지만 나는 자연스레 그의 성 정체성을 알고 있었다. 아마도 그가 있는 그대로의 자신을 상대에게 스며들게 하는 사람이라서일 것이다. 20대인데 인생 2회 차 사는 사람 같을 때도 있었고, 득도한 사람 같다가도 언젠가는 '초딩인가?' 싶게 과하게 순수할 때도 있었다. 이 책에서 그는 자신을 '비겁하다'거나 '용기가 없다'거나 머뭇되거나 어디에도 확신을 가지지 못하는 사람으로 표현한다. 나는 그래서 규환이 특별하다고 느꼈다. 지금 한국 사회에는 퍼스널 브랜딩, 자기계발, 파이프라인 등에 관심을 가지는 사람들이 많다. 한데 규환은 셀러브리티가 되고 싶고 솔직히 자신이 수줍은 관종일 수도 있다고 하면서도 진정 원하는 건 '셀러브리티의 친구'라고 말한다.

모두가 자신의 얕은 경험과 작은 앎을 과대포장하고 사람들은 그런 확신에 금세 현혹된다. 반면 규환은 늘 머뭇댄다. 이렇게 써도 되나? 그런 확신이 혹여 누구에게 상처가 되거나 언젠가 자신이 바뀔 수도 있다고 생각하는 것 같다. 그와 일하거나 그의 글을 읽을 때 언제나 그런 머뭇거림이 느껴져서 좋았다.

이 책에는 그 많은 머뭇거림과 불확실성 속에서 가장 나다운 삶의 방향을 찾아가려 했던 사람의 생각이 담겨 있다. 열정적이고 뜨겁게 불타오르고 미래에 대한 확신이 가득하며 이글이글 끓어오르는 사랑 이야기 대신, 뭉근하고 포근하게 점차 번지는 사랑이 여기에는 가득하다.

책을 다 읽고도 규환이 미지의 영역에 있는 사람이라고 생각했다. 20대에 프리랜서로 성공하는 법, 회사 안 다니고 좋아하는 일 하면서 사는 팁 등도 얻을 수 있으니 일단 사보시라고 약을 팔고 싶은데, 그건 작가도 원하는 바가 아닐 것 같으니 이 정도로 하겠다.

적어도 '사랑을 찾아 가는 법', '가장 나다운 삶의 방식'을 찾는 법은 분명히 있습니다.

— 김송희(《빅이슈코리아》 편집장)

프롤로그

한때, 내게 국어사전은 '슬픈 책'이었다. 설명하기 어려운 감정의 모양에 이름을 붙이고 싶을 때마다 나는 사전을 펼쳤다. 내가 느끼는 이 마음이 어디서부터 자라났는지, 말의 뿌리를 거슬러 올라가면 알 수 있을 것 같았다. 나는 기대 반, 호기심 반으로 페이지를 넘겼다. 하지만 내가 누군가를 소중히 여기는 그 마음은, 그 시절 사전이 담고 있는 '사랑'의 정의에선 늘 비껴나 있었다. 국어사전은 사랑을 "이성 간에 서로 좋아하는 마음"이라 정의했고, 그 문장에서 나는 소외됐다.

내게 사랑은 태어날 때부터, 평등하지 않았다.

그렇게 꽤 오랜 시간 동안, 나는 사랑을 정의되지 못한 마음으로 품고 있었다. 성인이 됐을 무렵에야 사전은 사랑을 "어떤 사람이나 존재를 몹시 아끼고 귀중히 여기는 마음"이라고 재정의했다. 나는 조금 늦게서야 사랑을 돌려받은 기분이었다.

그때의 해방감이 아주 사소한 일상에서도 문득 떠오르곤 한다. 예컨대, 6월의 찬란한 햇살을 맞으며 낯선 골목을 산책할 때 감정이 훅 북받치면서 '지금 사랑을 확인하고 싶은 거구나' 싶은 순간이 있다. 그런 날이면 가슴을 쓸어내리며 생각한다. 얼마나 다행인지. 얼마나 다행이었는지.

그저 사랑하는 사람과 사랑하는 사람이 맺는 사랑의 공표로서의 결혼을 요구하기 위해 헌법재판소 앞에 섰던 날. 그날따라 바람은 왜 그렇게 불어대던지. 마음은 왜 그렇게 자꾸 흔들리던지. 나를 세상 앞에 드러낸 채 두 발을 딛고 서있는 것만으로 감당하기 벅찬 기분이 들었다. 단 한 줄의 법을 바꾸려는 사람들의 바람이 얼마나 절실했는지, 얼마나 많았는지도 새삼 알게 됐다.

사랑의 정의는 바뀌었어도 여전히 누군가에겐 불가능한 세계에서 누가 '네게 사랑은 무엇이야?'라고 물어보면, 나는 그걸 '향수병' 같다고 말하곤 했다. 돌아갈 수 없는 어떤 장소를 그리워하는 마음. 어떤 증명도 필요 없이 이해받을 수 있는 세계에 대한 상상. 지금 이 순간에도 누군가는 자신의 정체성을 붙잡고 국어사전을 펼치고 있을지 모른다. 나처럼, 그렇게 자기 마음에 이름을 붙이려 애쓰는 사람들.

그럼에도 불구하고, 나는 여전히 매일 생각한다. 이 세상은 너무나 불확실하지만, 오늘은 또 무슨 일이 내게 일어날지 모른다고. 어쩌면 내게 좋은 일이 생길지도 모른다는 마음, 혹은 뜻밖에 좋은 사람을 만나게 될지도 모른다는 마음으로 하루를 시작한다.

주변을 둘러보면 사랑은 다양한 형태로 생각보다 가까운 곳에 있다. 지하철역 앞에서 오랜만에 마주친 친구의 짧은 인사, 버스 안에서 흘러나오던 누군가의 평범한 라디오 사연. 그렇게 우리의 삶 곳곳에는 여전히 많은 사랑이 숨어 있다. 아직 발견되지 않았을 뿐, 누군가를 기다리며 조용히 머물러 있다.

이 책을 쓰며 나는 깨달았다. 그 사랑의 증표들이 내 안 어딘가에 분명 살아있고, 결국 나를 살아가게 만든다는 것을. 그래서 나는 앞으로도, 내 방식대로 계속 사랑을 찾아갈 것이다. 그런 마음을 이 책을 읽는 여러분과 함께 나누고 싶다.

    이 책이 세상에 나오기까지 도움을 준 분들께 어떤 말로 고마움을 전해야 할지 모르겠다. 살면서 글을 쓸 수 있도록 기회를 준 사람들, 비록 투박한 이야기일지라도 나의 삶을 들어주려 귀 기울여준 사람들. 그리고 단지 글이 아니라, 나라는 사람 자체를 지켜봐주고 묵묵히 응원해준 이들에게 진심으로 감사하다는 말을 전하고 싶다. 우연이든 필연이든 내 삶에 스며든 모든 인연에게도.

    무엇보다 이 책을 함께 만들어주신 푸른숲 출판사 관계자분들께 고마움을 전하고 싶다. 편집자님께서 보여준 기다림과 조언, 애정 어린 지지 덕분에 이 책이 제법 모양을 갖출 수 있었다.

    이미 세상을 떠났거나 지금 이 시대를 함께 살아가고 있는 성소수자 친구들 그리고 차별 없이 나답게 살고 싶은 모든 이들의 선례와 연대가 없었다면 이 이야기는 결코 세상에 나오지 못했을 것이다. 마지막으로 우리의 평범한 일상을 사진으로 기록하고, 내 글에 대한 조언도 아끼지 않고, 무엇보다 매일 곁에서 따뜻한 응원을 보내준 인생의 가장 든든한 독자이자 동반자인 남편 김찬영에게 깊은 고마움과 존경을 보낸다.

2025년 여름

홍제동에서

차례

추천의 말 4

프롤로그 9

1

아직 그럴 용기가 없다고 용기 있게 말하기 19

단정하되 자유롭게 25

30대에 운전을 못 하면 벌어지는 일 32

해외여행이 싫어질 때 39

텍스트힙을 즐기는 방법 48

나는 무알코올 맥주를 좋아한다 57

두 사람이 합칠 수 있는 것들 62

노력하지 않고 유명해지기 68

작은 집에 사는 기쁨 76

아무것도 되지 않으려야 무엇이든 될 수 있다고 86

공중목욕탕의 섹슈얼리티 93

때로는 식물을 돌보는 마음으로 103

2

여전히 당신들의 팬이야 113

정규직은 천국에 가지만 비정규직은 어디든 간다 124

사랑을 찾아갈 거야 132

때로는 잘못 탄 기차가 우리를 목적지로 인도한다 142

한여름의 크리스마스 151

나를 어디론가 데려다준 모든 여자들에게 160

남매의 겨울 산행 170

어느 결혼식의 오점 178

"결혼 축하드려요"라는 마법의 주문 186

건물주가 되기 위한 조건 194

그때 그 끼순이들은 지금 어디에 있을까 202

©김찬영

1

아직 그럴 용기가 없다고
용기 있게 말하기

"규환이 너, 춤 잘 추지? 한번 춰볼래?"

초등학교 6학년 수련회, 부임한 지 얼마 안 된 젊은 담임 선생님의 제안이었다. 수련회 프로그램 사이 잠시 시간이 뜨는 타이밍, 선생님이 왜 하필 나를 골랐는지 모르겠으나 춤 한번 춰보라며 끈질기게 나를 설득하셨다.

예나 지금이나 소규모로 놀기 좋아했던 나는 '그래도 전교생 앞에서 춤추는 건 좀 아닌 것 같다…'라고 생각했고, 혹시 누가 부추겨도 절대 응하지 않으리라 속으로 다짐했건만, 그렇다고 지금 빼버리면 자존심에 약간 상처를 입을지 모를 절체절명의 순간이라는 걸 직감적으로 깨달았다.

대놓고 타인의 관심은 끄는 건 질색인 은은한 관종이었기에 친하지 않은 아이들 앞에서까진 굳이 나서고 싶지 않았을뿐더러 수백 명 앞에서 걸그룹 춤을 췄다간 졸업한 이후에도 두고두고 놀림당할 게 뻔하리라는 걸 명백히 의식하고 있었다. 무엇보다 객관적으로 봤을 때, 나는 좋아하는 걸그룹의 포인트 안무만 외우고 있었을 뿐 관객을 휘어잡을 만한 타고난 끼가 있는 편은 아니었다. 지금의 나 같으면 애매하게 외운 티가 나는 춤을 추느니 차라리 남을 웃기는 게 더욱 가치 있다고 여기고 있으므로 어떻게든 그 상황을 농담과 코미디로 승화시켰겠지만, 고작 열 살 남짓한 아이에게 그런 센스를 기대하는 건 여러모로 무리였다.

"넌 할 수 있어. 지금 춤을 추면 영웅이 되는 거야!"

선생님은 마치 청소년 드라마의 한 장면처럼 망설이고 있는 내게 눈을 맞추고 힘주어 말씀하셨다. 그런 식의 다정한 언어로 용기를 주는 젊은 선생님이 신선해서, 게다가 훈훈한 '남자 선생님'이어서, 이미 춤을 춰야 하는 분위기로 점차 기울고 있어서, 나는 '에라, 모르겠다'라는 심정으로 "개미 두 마리 예!, 매미 세 마리 예!"로 당시 인기를 끌었던 핑클의 댄스곡 〈NOW〉에 맞춰 전 학년 앞에서 춤을 춰버리고 만 것이다.

텅 빈 무대에 올라가 스피커도 없이, 아이들이 육성으로 부르는 노래에 맞춰 춤이라고 하기엔 민망한 율동을 선보였다. 그 1~2분의 시간이 어떻게 지나갔는지 모르겠지만, 수치스러운 느낌은 여전히 생생하다.

사람들 앞에서 갑자기 장기자랑을 할 타이밍에 '장기'도, '자랑'도 아닌 것을 보여준 애매한 상황과 공허한 감정은 오래도록 이불 킥의 추억으로 남아있다.

그때가 살면서 무대에 오르고 내려와 후회되는 첫 번째 경험이었다. 참고로 두 번째는 의무경찰로 복무하던 시절 어쩌다가 보게 된(그것도 왜 그렇게 됐는지 의문이다) 경찰홍보단 '호루라기 연극단' 오디션에서였다. 날카로운 눈매의 한 남성 심사위원이 "지금 당신이 보여준 건 연기가 아닙니다"라고 심사평을 해서 대단히 충격을 받았다.

난 분명 치킨을 먹었는데 누가 '당신이 먹은 건 치킨이 아닙니다'라는 말을 면전에 대고 말한 느낌이랄까. 그럼, 방금 전 내가 한 것은 무엇이란 말인가….

사실 나는 요즘도 가끔 그때와 비슷한 감정을 느끼고 있다. 다양한 능력과 재능을 가진 멋진 사람들이 많은데, 나는 간혹 작가 또는 에디터라고 불리지만 아직 제대로 낸 책 한 권 없다. 줄곧 직장인 또는 프리랜서로 살아왔지만 굉장히 애매한 경력을 가지고 있다. 그렇지만 또 원고가 필요할 때 나를 찾아주는 분들은 뭘까. 성 정체성과 관련된 이야기를 자주 하다 보면 '직업 게이' 같은 기분도 들고. 하물며 어쩌다 이번 생엔 게이로 살아가다 보니, 이렇다 할 재능 없는 '끼순이'로 사는 것과 '일틱(남성스러움을 추구하는)한 끼순이'로 사는 것 중에 뭐가 더 비극적일까, 같은 바보 같은 질문을 스스로에게 던져본다.

기대와는 달리 실제로 재능이 애매모호한 것도 슬프지만, 사회화된 외모에 내면의 끼를 감추고 살아야 하는 '애매호모'도 나름대로 고역이 아닐 수 없다.

끼도, 일틱도 애매한 나 같은 사람은 차라리 주식처럼 타이밍을 잘 노리거나 시류에 편승하는 방법이 알맞은 처세일지 모른다. 실제 재능보다 단지 그 타이밍을 캐치하는 게 중요한 능력이라고 생각하니 약간 안심된다. 나는 그것을

'지금 이 상황에 이 정도면 딱 좋았어!'같이 스스로 부끄럽지 않을 정도의 자기만족을 기준으로 받아들이고 있다.

초등학교 수련회 날의 애매한 장기자랑 이후, 제대로 내 끼를 보여줄 기회를 잡은 적 있다. 때는 고등학교 수학여행. 일정 중 가장 화기애애한 첫째 날 밤에 같은 반 친구 네 명과 쥬얼리의〈슈퍼스타〉를 준비해서 불렀다. 그때라고 가창력이나 춤 실력이 뛰어나게 는 건 아니었지만, 서인영 파트를 도맡은 나는 털기춤을 추면서 아이들의 웃음을 자아냈고, '쟤네 웃기는 애들이네' 정도의 인상은 심어준 것으로 스스로 만족스러웠다(왠지 그럴 것 같았지만 넷 중에 나를 포함한 셋은 졸업 후에 이태원 클럽에서 반갑게 조우했다).

선생님이 시키는 대로 했던 어릴 때는 자신 있게 할 수 있는 말이 별로 없었다. 그 상황에서 '전 그런 용기가 없어요'를 말하기 위해서는 역설적이게도 대담한 용기가 필요한 법이니까. 하지만 만약 그때로 다시 돌아간다면 선생님에게 용기 내어 말할 수 있을 것 같다.

"선생님, 지금은 못 하겠어요. 제가 하고 싶을 때 제대로 할게요."

비록 보장은 없어도 살다 보면 언젠가 내 인생 최고의 타이밍이 올 것이라는 기대는 자유롭게 품을 수 있지 않나. 늘 그런 마음으로 살아가는 것도 나쁘지 않다. 때론 용기 있게 나의 재능을 숨기고, 언젠가 그때 그 시절 장기자랑 하듯 '짠' 하고 세상을 놀라게 하고 싶다. 물론, 그런 모습이 아주 소박하더라도 내 마음에는 아주 쏙 들 정도라면.

단정하되
자유롭게

'단정한 자유복'을 입으라는 면접을 보았다. 단정함과 자유로움 사이의 기준이 애매해 포털 사이트에 검색해보았다. 혹시나 했지만 역시나 무난한 정장을 입는 편이 좋겠다는 결론을 내렸다. 공기업 중에는 블라인드 면접을 보는 곳도 있고, 사기업 중 일부는 학벌이나 외모 같은 소위 '스펙'보다 지원자의 능력을 더 중요시한다고 해도 윗분들은 여전히 보수적이라는 이유였다.

그날 참석한 모든 면접자 역시 한껏 단정하지만, 결코 자유로워 보이지 않는 옷을 입고 대기실에 앉아있었다. 모두가 조금이라도 눈에 튀면 불이익을 당할 수도 있다는 공공기관 특유의 숨 막히는 공기가 흐르는 듯했다. 나는 실무 면접 때 입었던 흰 드레스셔츠 대신 조금 더 캐주얼해 보이는 연보랏빛 코튼 셔츠에 네이비 도트 넥타이를 매고 최종 면접을 보았다.

  서류 전형부터 논술 시험, 실무 면접에 영어 면접 그리고 인적성 테스트를 거친 3개월 만의 최종 면접이었지만 끝내 탈락. 1년에 걸쳐 연달아 세 번째 도전했지만 마주한 결과는 삼진아웃이었다.

  '솔직히 엄청나게 가고 싶었던 건 아니야'라고 구차하게 합리화를 했다. 그 회사의 안정적인 면에 끌렸던 거지, 월급도 적은 편이고 복지도 그저 그런, 그렇게까지 끌리는 섹시한 회사는 아니라고도 생각했다. 그렇지만 그동안 들인 시간이 아깝고 응원해준 이들에게 면목이 없어서 멘탈이 와르르 무너졌다. 20대에 구직 면접에서 탈락했을 땐 '감히 너희들이 나에 대해 뭘 알아'라고 되바라지게 생각할 수 있었는데, 나이 앞자리가 바뀌어 서른이 되니 20대의 패기는 사라져버렸다. 이 정도면 내게도 뭔가 문제가 있는 것일 테니까….

서른이란, 만족스러운 시험지를 제출하지 못하는 수험생이 된 기분이었다. 옆자리에 있는 이들의 표정을 불안하게 살피며 이제 곧 시험의 끝을 알리는 종이 울리진 않을지 노심초사하면서.

　20~30대의 삶에서 가장 큰 비중을 차지하는 건 일과 연애다. 둘 다 정착하기까지 지난한 과정을 거쳐야 한다. 나는 어떤 이유에서인지 일보다 연애가 상대적으로 잘 풀렸다. 취직해서 먹고사는 문제보다도 한 사람의 동반자를 만나는 일이 인생에서 더 중요하다고 여기기 때문일지 모른다. 나는 그러니까, 회사 생활을 하며 조직 내에서 훌륭한 일꾼으로 인정받기보다는 단 한 사람에게 인정받는 인간이 되고 싶은 욕구가 훨씬 크다.
　동성 파트너와 함께 인생을 꾸려나간다는 것은 엄마 아빠로부터 배울 수 없는 것이기 때문에 인생 일대의 개척자 정신이 필요하다. '함께 미래를 그리는 삶'에 있어 동반자와 확실한 피드백을 주고받길 원했던 나는 커리어가 끊겨 적은 돈을 번다고 해도 프리터족으로 살면 되고 국가의 사회보장제도도 있으므로 지나치게 인생 걱정을 하지 않아도 된다고 믿었다. 일이 자신의 사회적 정체성을 지키기 위한 투쟁의 과정이라고 한다면, 성 정체성과 분리하기 어려운 연인과의 관계나 사랑도 일만큼 중요한 것 아닐까?

단 한 번의 연애를 할 동안 다섯 곳에서 직장 생활을 하다가 지금은 프리랜서로 일하고 있다. 조직과의 관계 맺기에 서툰 성향 탓도 있고 어차피 조직은 바뀌지 않을 거라는 뿌리 깊은 회의감도 지금 내가 일하는 방식에 적지 않게 영향을 미쳤다.

서점가의 베스트셀러가 증명하듯 '자기계발'은 그 자체로 자본주의 최고의 인기 상품임에 틀림없다. '갓생'부터 '오운완'까지 다양한 이름 아래 개인은 끊임없이 변화와 혁신을 위해 노력하는데, 무능한 조직일수록 그렇지 않아 보일 때가 많았다. 게다가 조직적인 문제가 생기면 개인의 탓으로 돌리는 모습을 너무 많이 봐왔다. 조직이 일할 사람을 뽑을 때도 마찬가지. 비교적 근무환경이 좋은 회사는 입사 경쟁률이 높아서 일할 사람을 고를 때 수많은 비교 잣대를 들이대지만, 정작 개인은 조직을 고를 때 필요조건이 몇 가지 없다. 안정된 일자리만 있다면 왕복 두세 시간의 출퇴근은 대부분 감수하며 살아간다.

　이런 모습에 항상 의문이 들었다. 한정된 양질의 일자리를 만들고 치열한 경쟁을 부추겨 '일단 뽑아주세요'라는 마인드를 갖게 해놓고, 궤도에 오르지 못하면 낙오자나 된 듯 보는 게 과연 개인의 노력에 대한 정당한 보상일까?

　한번은 매해 사회 분야별 트렌드를 제시하는 베스트셀러를 우연히 훑다가 놀란 적이 있다. 시간이 지나고 보니 정말 내가 그 책이 전망한 대로 살고 있었기 때문이다.

　한때는 '욜로'를 외치며 전 재산을 털어 유럽 배낭여행을 간 적도 있고, 한때는 미래 계획 없이 퇴사해서 고장 난 나침반처럼 갈팡질팡하기도 했다. 누군가 그렇게 살라고 강요한 것도 아닌데, 때론 내 의지라고 생각했던 것들도 어쩌면 예측 가능한 일이라고 생각하니 이 세상에서 내 마음대로 할 수 있는 게 과연 뭐가 있나 싶어 허무함과 안도감이 동시에 들었다.

　20대 때는 '답정너'인 세상에서 고를 수 있는 선택지가 많다고 착각하면서 살았다. 저 넓은 가능성의 세상을 우물 안 개구리의 시선으로 만만하게 보면서 허황된 꿈을 꾸는 게 희망 비슷한 것이라고 생각하기도 했다. 그동안 자의 반 타의 반, 이 기준 저 기준에 나를 맞추며 휩쓸리다 보니 정작 어떤 내가 더 자연스러운지에 대한 고민은 뒷전으로 밀렸던 거다. 20대 때는 어떤 일이든지 하고 싶었는데, 30대가 되니 어떤 일을 하든 가장 나다운 모습이고 싶다는 바람이 생겼다.

  인생의 어느 한쪽이 당장 안 풀리는 것처럼 보여도 하루하루 형태를 잘 유지하며 살아가다 보면 다른 한쪽은 분명히 풀려가기 마련이다. 밑도 끝도 없이 '단정한 자유복'을 입으라던 내 면접은 실패했어도 그 면접장 밖에서는 누구보다 단정하게 자유로운 사람이 되겠다고 마음먹었다. 내게 맞는 조직 찾기엔 실패했지만 조직을 박차고 나올 용기를 얻은 셈이다. 누구 앞에서도, 어떤 자리에서도 내가 어떻게 비칠지 주위 사람을 살피지 않아도 되는 그런 여유를 가지고 싶다. 한없이 자유로워 보이는 모습 속에서도 깨끗한 손끝처럼, 단정함이 돋보이는 그런 사람처럼.

인생의 어느 한쪽이 당장 안 풀리는 것처럼 보여도
하루하루 형태를 잘 유지하며 살아가다 보면
다른 한쪽은 분명히 풀려가기 마련이다.

30대에 운전을 못 하면
벌어지는 일

○○

스무 살이 되자 주위 남자애들은 기다렸다는 듯 운전면허 학원으로 향했다. "너는 면허 안 따?"라는 물음에 나는 "글쎄, 차가 없는데 굳이 딸 필요가 있나?"라며 시큰둥하게 대답했다.

그 말은 '결혼 안 할 건데 굳이 연애할 필요가 있나?' 같은 일차원적인 말이긴 했지만, 기실 운전의 세계란 성인이 되어 자유롭게 술을 마시는 행위와 비슷한 새로운 도전처럼 보였다. 그럼에도 도무지 운전에 별다른 감흥이 들지 않아서 '일단 대학 졸업부터 하고 얼른 취직한 다음 어느 정도 돈도 좀 모으고 차를 살 만해질 때쯤 면허를 따야지' 하고 막연히 생각만 했다.

하지만 그런 두루뭉술한 일은 일어날 리 없었다. 어느새 면허를 딴 남자애들이 어디선가 차를 빌려 본격적으로 운전하기 시작했다. 나는 그 친구들 덕분에 한강을 따라 드라이브를 하고 서해로, 동해로 여행을 다녔다. 고속도로를 내달리는 차창 밖을 보며 '문명의 발전이란 이런 것이구나' 감탄했다. 마음만 먹으면 스스로의 힘으로 바다를 보러 갈 수 있다는 것. 나는 한낱 우물 안 개구리에 불과한지도. 자유와 낭만의 질주가 선사하는 쾌감이 썩 나쁘지 않았다.

서른 살이 되어서도 여전히 차는 생길 기미가 보이지 않았다. 직장에서, 가족이나 친구들 사이에서 슬슬 내가 운전대를 잡아야 할 것만 같은 상황과 자주 마주했고 "아직도 운전면허 없어요?"라는 말을 듣는 게 점점 수치스러웠다. 이윽고 여자친구들이 하나둘 면허를 땄다. 대학 졸업 후 서울을 떠나 자신의 고향으로 돌아가 사는 친구들은 입을 모아 비수도권 지역에선 운전이 필수라고 했다. 대전, 부산 등지에 사는 친구들을 만나면 그들이 운전하는 차를 타고 이동했다. 서울만 벗어나도 다른 삶이 펼쳐진다는 걸 새삼 깨달았다. '너넨 언제 이렇게 어른이 된 거니?' 말 그대로 격세지감이었다.

이제는 주위에 운전 못 하는 사람은 거의 남지 않게 됐다. 나는 정말이지 '무쓸모' 인간이 된 것 같았다. 첨단 모빌리티의 도시에서 여전히 '뚜벅이'인 채 살아가고 있는 사람은 이 현실을 어떻게 받아들여야 할까.

타인의 사정은 모르겠지만, 일단 나는 공을 포함해 굴러가는 모든 것을 다루는 재주가 없다. 한때 스쿠터를 타고 싶어 원동기 면허 취득에 도전한 경험이 있지만 결과는 안타깝게도 세 번 연속 기능 시험 탈락. 왜 오토바이 운전대를 꺾으면 발이 땅에 먼저 닿는 걸까? 나보다 열 살은 어려 보이는 동생들 틈 속에서 씁쓸하게 시험장을 퇴장할 수밖에 없었다. 이 정도면 이번 생에는 운전하지 말라는 하늘의 뜻이 아닐까?

하지만 정신 승리하는 방법은 의외로 간단했다. 이 무능의 프레임을 역방향으로 전환해보기로 한 것이다. 우선, 내가 운전을 배우지 않음으로써 누군가가 얻게 되는 기회가 있다. 치열한 경쟁 사회에서 각종 기술(자격증)은 곧 생존(취업)과 직결돼 있다. 운전과 연관된 모든 직종에서 나는 배제됐으며 이력서 자격란에 넣을 내용도 남들보다 한 줄 부족하다. 나는 면허를 따지 않기를 자발적으로 택함으로써 나보다 유능한 누군가에게 취업할 기회를 적극적으로 제공하고 있는 것이다.

또 하나, 운전 및 자동차 애호가들을 위한 배려다. 길거리만 봐도 세련된 고급 자동차들이 즐비하다. 빚을 내서 자동차를 구입하는 사람도 많다. 나는 일단 그럴 만한 돈이 없다. 세상엔 자기 집과 차, 패션을 자랑하고 싶은 사람이 넘쳐나는데 나까지 그 경쟁에 뛰어들고 싶진 않다. 대신 나는 그들에게 "어떻게 그 나이에 이렇게 멋있는 차를 사셨어요?"라고 말하는 것만으로 그들에게 상대적 행복감을 선사하는 사람이 되는 편을 택했다. 칭찬은 공짜니까. 게다가 운전자를 위해 최고의 조수가 되어줄 수도 있다.

차가 있는 사람들은 쉬는 날에 웬만하면 집에 있지 않는다. 기름값이 아무리 비싸다고 해도 주말마다 차를 이끌고 근교로, 쇼핑몰로 외출을 나간다. 어떤 사람들은 차를 집보다 편하게 생각하는 것 같다. 나는 종종 그들이 혼자 외출하기 심심해할 때 옆에 있어주곤 한다. 내비게이션을 같이 살펴봐주고, 적절한 음악도 틀어주고, 간식도 입에 떠먹여주는 등 운전자를 보조해줄 사람 타라고 애초에 조수석을 만들어놓았으니까.

마지막으로 가장 중요한 이유는 바로 환경 보호다. 굳이 운전을 함으로써 나까지 지구에 공해를 끼칠 이유는 없다. 또 이 도시엔 사람도, 차도 지나치게 많다. 쾌적한 드라이빙을 위해서 한 명이라도 차를 타지 않는 게 모든 운전자의 바람이지 않을까. 그래서 나는 평생을 대중교통을 이용하고 있다. 편리한 대중교통은 바로 대한민국 서울의 자랑거리 아니겠는가. 거의 1분 단위로 정류장에 도착하는 버스들. 목적지에 조금이라도 더 빨리 도착하기 위해 아무 버스를 잡아타도 파란색 버스는 서울 도심을 지나도록 설계돼 있다. 매일 서대문에서 용산까지 출퇴근하는 나는 교통 체증에도 아랑곳없이 중앙차로를 달리는 버스 안에서 실로 놀랍기만 하다.

급하거나 짐이 많을 땐 택시도 즐겨 탄다. 나는 카카오택시 앱의 VIP다. 단언컨대 택시는 대도시가 만들어낸 최고의 서비스다. 자동차 구매에 비해 꽤나 합리적인 금액의 돈을 지불하면 내가 현재 있는 곳에서 원하는 곳까지 기사님의 친절한 도움을 받아 최적의 경로로 이동할 수 있다. 그런 의미에서 왜 택시 정기권 혹은 구독 서비스가 안 나오고 있는지 늘 의문이다.

이 정도면 운전하지 못하는 사람이란 세상에 꼭 필요한 존재가 아닐까. 그런데 글을 쓰면서 문득 운전은 정말 멋진 능력이라는 확신이 들었다. 운전자가 있어야 운전 못 하는 사람이 살아갈 수 있기에 나는 세상의 모든 운전자를 존경할 수밖에 없다.

누군가는 자아실현을 위해서, 누군가는 일하기 위해서, 누군가는 사랑하는 사람을 위해서 운전을 배운다. 나는 오늘도 용기 있게 운전하는 그들 덕분에 어디든 빠르고 안전하게 이동할 수 있다. 역사적으로 두 바퀴를 굴리는 운전자가 있었기에 인간의 역사가 더욱더 진일보할 수 있었으리라. 아마 나 같은 사람만 있었으면 인류는 농경사회를 벗어나지 못했을 것이다.

물론… 30대에 운전을 못 해도 아무 일도 일어나지 않는다. 수많은 자동차와 사람이 교차하는 도시의 행렬 속에서 운전을 할 수 있는 사람과 그렇지 않은 사람으로 구별되지만, 그 안에서 운전하는 삶의 방식을 선택한 사람부터 운전 없이도 평화롭게 살 수 있는 사람까지 다양한 종류의 사람들이 뒤섞여 살아간다.

이 쳇바퀴 같은 도시에서 과연 언제까지 운전 능력 없이 살아남을 수 있을까. 이왕 여기까지 온 거, 버틸 수 있을 만큼 버텨보고 싶은 오기가 생긴다. 두 다리만 지금처럼 건강하다면 더 나이가 들어도 대중교통으로 출퇴근할 의향이 있다(30분 이내라는 전제하에). 나처럼 낙천적인 성격과 무능함을 겸비한 '무면허 인간'들은 앞으로도 인생에 큰 변화가 생기지 않는 한 운전대를 잡지 않을 확률이 높다.

혹시, 당신이 지금 나와 같은 삶을 살며 적절한 핑계를 대고 싶다면 이 글의 내용을 참고하면 좋겠다.

해외여행이
싫어질 때

언제부턴가 해외여행이 싫어졌다. 익숙하지 않은 촉감의 침구에서 눈뜨는 것도, 시간에 쫓기듯 움직여야 하는 것도, 번역 어플 없이는 알 수 없는 메뉴판을 들여다보며 고민하는 것도 싫다. 관광객들이 모인 곳에서 뭐라도 사야 한다는 부채감으로 기념품을 쇼핑하는 것은 더더욱 싫다.

그 와중에 유명인들이 낯선 곳에서 먹고 놀고 장사를 하는 예능은 최고로 싫다. TV를 틀면 어찌나 매번 똑같은 곳이 나오는지, 내가 다 가본 것만 같다. 지구에서 인간의 발길이 닿을 수 있는 물리적인 공간은 한정적인데 비슷비슷한 여행 콘텐츠가 복제되는 건 비극이다. 인간이 우주로 여행하지 않는 이상 대중매체에서 새롭게 발견할 수 있는 여행 정보는 더 이상 없어 보인다.

    이 혼란스러운 감정의 원인을 어떻게 설명해야 할지 모르겠을 때, 우연히 좋아하던 여행작가를 사석에서 만나 이렇게 물어본 적이 있다. "그 좋던 여행이 갑자기 싫어졌어요. 뭐가 문제일까요?"
    〈세계테마기행〉 출연자라면, 여행에서 얻은 영감으로 글을 짓는 여행작가라면, 팬데믹에도 세계여행을 한 대담한 여행자라면, 무엇보다 '여행'을 직업으로 가진 사람이라면 이 질문에 어떤 명쾌한 대답을 들려줄지 궁금했다.

    "방금 하신 질문을 최근에 제 주변 사람들에게도 꽤 자주 듣고 있어요. 어떻게 뭔가를 처음처럼 완벽하게, 끝까지 변함없이 좋아할 수 있겠어요. 규환 씨는 어렸을 때 좋아하던 장난감을 지금도 좋아하나요? 혹은 예전에 좋아하던 사람을 지금도 똑같은 마음으로 좋아하고 있나요? 여느 세상일과 마찬가지로 여행도 이유 없이 갑자기 질리거나 싫어질 수 있어요. 그게 자연스럽다는 걸 꼭 말씀드리고 싶어요."

 연애할 때도 처음엔 사랑스러워 보였던 연인의 매력 포인트들이, 지긋지긋한 이별의 시점에선 그 사람이 싫어지는 이유가 되기도 한다. 무엇이든 '처음'에는 눈에 뵈는 게 없어서 내가 보고 느낀 일부가 전부 같아 보인다. 우리가 살면서 겪는 수많은 '처음'의 행복감을 평생 고스란히 간직한 채 살아갈 수만 있다면 얼마나 좋을까.

 여전히 책장 한편엔 그 여행작가가 쓴 여행 책이 꽂혀있다. 미야자키 하야오 감독의 〈바람계곡의 나우시카〉를 보고, 애니메이션의 배경이 된 파키스탄의 훈자라는 산골짜기 마을에 막연히 가보고 싶어서 구입한 책이었다(그 뒤로 읽지 않고 몇 년째 진열해놓고 있다). 어느 날 책장 정리를 하다 책등에 쓰인 제목을 보고 조금 아찔했다.
 '과거의 나는 멀고 낯선 곳으로 떠날 생각을 아무렇지 않게도 했구나….'
 이제는 동네를 산책하거나 대중교통으로 30분 내외의 도심을 오가는 것만으로도 이따금 어딘가로 떠나고 싶은 마음을 달래기에 충분하다. 이런 충족감이 언제까지나 이어질 것만 같은데, 과연 예전처럼 해외여행을 꿈꾸는 날이 다시 찾아올까?

이 세상은 너무나 풍요로워서 여행을 마치 쇼핑하듯 즐기는 사람들이 많다. 남들이 한 번쯤 가는 곳이라면 나도 꼭 한 번은 가야하고, 남들이 쉽게 가지 않는 곳은 희소해서 더욱 가볼 가치가 있다. 직장인들은 소중한 휴가를 쪼개서 틈틈이 해외로 나간다. 구글 맵에 저장해둔 장소를 도장 찍듯 다니고, 저녁 비행기로 귀국해 다음 날 지친 얼굴로 출근을 한다.

20대들은 사뭇 비장한 각오로 여행을 한다. 내가 20대 후반에 세 번째 배낭여행을 떠났을 때, 대학 졸업과 취업을 앞두고 여행하는 이들을 종종 만났다. 하나같이 입을 모아 하는 이야기가, 살면서 정년퇴직 전까지 이렇게 길게 여행을 못 올 거 같아서 죽기 전 마지막 해외여행이라는 각오로 이곳에 왔다고 했다.

어찌나 치밀하게 여행 계획을 세웠는지, 영국과 이탈리아를 여행하다가 스페인에서 산티아고 순례길을 완주하고, 포르투갈을 지나 동유럽까지 다시 배낭여행을 하는 친구도 있었다. 그런 패기로 마트에서 최소로만 구매한 재료로 파스타를 만들어 끼니를 때웠다. 파스타는 조리가 조금 번거로운 라면이나 마찬가지였다. 그 모습을 보고, 고도로 발전한 배낭여행자는 홈리스와 구별되지 않는다는 말의 의미를 깨달았다(나한테도 해당되는 말이다). 왜 어떤 여행은 이렇게 극단적으로 보이는 걸까?

좋은 학교와 회사, 넓은 집, 값비싼 명품까지 오만가지를 자랑하는 사람들 중에 내가 요즘 가장 안 부러운 사람은 해외여행하는 사람이다. 여행이 싫어진 덕분에 질투 리스트에서 하나를 지우는 행운을 얻었다. 언젠가 진심으로 원해서 여행을 떠나게 된다면 그건 여행이 아니었으면 좋겠다. 진정으로 자유가 넘쳐흐르는 사람은 절대 자유를 자랑하지 않을 테니까.

어느덧 사람들은 새하얗게 잊은 듯하지만, 코로나 팬데믹은 적어도 내게 일상의 소중함을 느끼게 해준 사건이었다. 의학적 관점에서 봤을 때 내 몸은 그저 바이러스를 옮기는 숙주에 불과했다. 이곳저곳 분주하게 움직이는 나는 꽃가루를 몸에 묻히고 바삐 윙윙대는 꿀벌과 별반 다를 바 없어 보였다. 여행이란 이름으로 다른 나라를 자유롭게 방문할 수 있고, 당장 내일이라도 비행기에 몸을 실을 수 있도록 허용된 경제적 자유의 과잉이 불러온, 코로나19는 일종의 '여행병' 같은 것이라고 느꼈다. 해외여행이 싫어진 건 재난 후의 삶에 대해 만족해서라기보다는 더 이상 새로운 자극에 반응하지 않게 된 쪽에 가깝다. 슬프게 말하면 해외여행의 낭만을 잃어버린 걸 수도, 더 이상 설레지 않게 된 걸 수도 있다. 그래서 더욱 혼란스러웠다.

첫사랑 같았던 해외여행이 싫어진 이유는 내 안에 있으니까, 이 모든 문제의 해답을 찾기 위해선 정확해져야 했다. 일상에서 멀리 떠나는 행위를 통해 뭔가를 얻을 수 있다고 믿었던 나 자신과 정면으로 마주해야 했다.

편협했던 내 여행은 자유로운 삶을 살고 싶은(것처럼 보이는) 좋은 변명거리였다는 걸 인정하는 것으로부터 시작해야 했다. 정확히 말해, '모든 여행'이라기보다, 과거의 '여행 방식'을 향한 작별 인사를 해야 했다.

사회생활을 하다 적당히 거리를 두고 싶은 이들과의 대

화에서 여행만 한 주제가 없다. 퇴사를 목전에 두고 누군가가 "이제 앞으로 뭐 하실 거예요?"라고 물으면, "머리 좀 식힐 겸 몇 달간 해외에 있다 오려고요"라고 버릇처럼 말하곤 했다. 그럼 사람들은 "우와, 대단해요!"라고 말하고 더 이상 복잡한 질문은 그쳤다.

그렇게 몇 번의 도피성 여행을 떠났다. 나는 다른 사람으로 다시 태어난 듯 마냥 그을려서는 여행지에서 만난 낯선 사람들의 기억과 보고 느낀 이야기를 잔뜩 짊어진 채로 나를 묵묵히 기다려준 일상을 다시 살아갔다. 비행기 티켓을 마치 복권인 양 고작 몇십만 원 사치에 행운을 기대하며 스카이스캐너 최저가로 도망친 사람의 운명은, 시간을 대가로 빛나는 무언가를 반드시 찾아와야만 하는 것이었다. 그건 가난한 여행자들의 슬픈 숙명이라고 생각했다. 여행에 진 빚은 언제라도 꼭 갚아야 했다.

사실 여행은 아무 잘못이 없다. 젊을 때 마음껏 다 즐겨놓고 이제 와서 딴소리하는 내가 비겁한 사람일 수도 있지만, 실제로 나는 비겁한 사람이었고 그래서 그런 여행이라면 이제는 더 이상 하고 싶지 않다. 재난 이후에 여행은 즐겁지만 불안한 것, 일상은 노력해서 지켜야 하는 것이 돼버렸으니까. 일상이 있어야 여행도 가능하다. 그런 의미에서 한 가지 확실한 건 예전처럼 비행기를 타고 낯선 곳으로 도망가지는 않을 거란 사실이다. 그럴 마음이 사라지니까 오히려 더 자유롭다.

언젠가 진심으로 원해서 여행을 떠나게 된다면
그건 여행이 아니었으면 좋겠다.
진정으로 자유가 넘쳐흐르는 사람은
절대 자유를 자랑하지 않을 테니까.

텍스트힙을
즐기는 방법

'독서는 섹시하다'라는 말은 '텍스트힙(text hip)'을 가장 잘 설명하는 문구다. 텍스트힙은 말 그대로 '텍스트'와 '힙하다'를 합친 말로, 독서와 글쓰기 같은 텍스트 기반의 활동을 트렌디한 문화로 소비하는 현상이다.

독서 인구가 점점 줄고, 스마트폰을 보는 시간이 늘어나면서 아이러니하게도 책을 즐기는 게 힙한 문화로 비춰지기 시작한 것이다. 물론 원래 책이 익숙한 사람에겐 다소 황당하게 들릴 수는 있다. 취미로서의 독서와 텍스트힙의 가장 큰 차이는 전통적인 독서 방식에서 조금 벗어나 새로운 방식으로 책이나 글을 소비하는 것이 핵심이다.

텍스트힙을 즐기기 위해 제일 먼저 해야 할 일은 가까운 서점에 가는 것이다. 책은 인터넷으로도 손쉽게 주문할 수 있지만 아무래도 책의 물성과 매력을 온전히 느끼려면 서점이 좋다. 대형 서점이든 독립서점이든 헌책방이든 책을 파는 곳, 그곳이 바로 서점이니까. 서점은 계절에 상관없이 대개 시원하거나 따뜻하고, 마음의 안정감을 준다. 심지어 향기도 좋다. 무엇보다도 책 근처를 기웃대는 것만으로 교양이 쌓이는 듯한 착각이 든다.

서점에 간다고 해서 반드시 책을 사야 할 필요는 없다. 서점엔 옷가게에서처럼 나를 따라다니는 점원도 없어서 다른 이들의 시선을 신경 쓰지 않아도 된다. 책의 내용을 다 읽지 않아도 베스트셀러 선반 위나 책장에 꽂힌 책의 제목 혹은 목차를 읽는 것만으로도 사회 경향을 가늠하는 데 꽤 도움이 된다. 서점 곳곳에선 동서고금을 막론한 작가들의 사유와 지식의 조각들을 공짜로 엿볼 수 있고, 그렇게 서점에 가는 것만으로 일단 독서에 발을 들인 셈이다.

도시 안에서 서점은 공원 다음으로 사람들에게 꼭 필요한 공간이다. 도시의 어느 상업 공간에서 이렇게 조용하고 매너 있는 사람들이 모여 있을까, 라고 생각하면 최소한 글을 읽으려고 하는 사람들이 모인 곳이니까, 라는 편협한 생각을 하게 될 정도다.

서점은 알게 모르게 조용히 변화 중이다. 요즘 도심의 대형 서점들은 쇼핑몰 안에 있거나 무인양품 같은 생활용품 매장과 동선이 겹치도록 설계됐다. 친구를 기다리거나 밥을 먹고 나서 매장을 둘러보는 김에 생필품과 책을 함께 구매할 수도 있다. 그래서 서점에 갈 때는 가능하면 무슨 책을 살지 정하지 않는다. 계절이 바뀌어 쇼윈도의 신상에서 문득 새로움을 마주하듯, 그날의 기분이나 날씨 같은 우연이 겨냥한 책 한 권에 이끌릴 수 있기 때문이다. 만약 어떤 책을 고를지부터가 고민이라면, 들고 다니기에 적당한 크기의 가벼운 책을 고른다.

일단 내 기준은 이렇다. 표지에 사람의 얼굴이 인쇄되어 있거나 책의 주제 혹은 제목이 돈이나 성공에 관련된 내용인 것은 고르지 않는다. 스타벅스에서 파는 음료 같은 핑크색 책도 고르지 않는다. 책 내용의 좋고 나쁨을 떠나서 '힙'과는 거리가 있기 때문이다. 그런 종류의 책은 집에서 읽을 순 있어도 절대 밖에 들고 다닐 수 없다. 책의 제목은 낚시성 기사 제목처럼 너무 눈에 띄지 않을수록, 가급적 은유적

일수록 좋다.

맘에 드는 책을 골랐다면, 책을 들고 외출한다. 혼자 산책할 때, 친구들과 여행 갈 때, 새로운 사람과 데이트할 때, 대중교통을 이용할 때, 공항이나 병원 같은 곳에서 대기할 때 책은 의외로 긴요하다. 책 읽을 때 어울리는 패션으로는 독서 애호가 같아 보이는 뿔테 안경, 대충 드라이만 한 듯 내추럴한 머리, 촉감이 도드라지고 로고가 귀여운 빈티지 옷같이 전체적으로 '너드미'가 살짝 가미되면 좋다. 모 패션 디자이너는 '옷을 덜 사고, 가방 대신 책을 팔 한쪽에 끼는 게 완벽한 패션'이라고 말하기도 했다.

책 읽는 내 모습이 마음에 들어 인스타그램에 올리고 싶다면 이른바 인증샷 찍듯 셀카 모드로 찍거나 책이 피사체가 되도록 찍는 대신, 누군가가 책을 읽고 있는 나를 자연스럽게 파파라치 스타일로 찍어주면 좋다. 또 책의 내용을 다른 사람과 공유하고 싶은데 책의 표지를 찍어 게시물로 올리면 사람들의 호기심을 자극할 수 없다. 그 대신 마음이 드는 문장이나 단락을 대충 인스타그램 스토리에 올려야 '책 제목 좀 알려주세요'라는 반가운 DM을 받을 수 있다.

책의 큰 장점 중 하나는 그 자체로 최고의 인테리어 소품이라는 것이다. 자본주의 사회에서 책을 원하는 만큼 소유할 수 있다는 건 그만큼의 돈과 공간을 보유하고 있다는, 소위 사회경제적 권력을 가지고 있다는 뜻이지만, 정작 좁은 집이 텍스트힙을 즐기기가 유리하다. 인테리어 잡지에 나올 만한 그럴싸한 서재가 없다고 해서 텍스트힙을 즐기지 못할 이유는 없는데, 이사 걱정은 뒷전에 두고 평생 이 집에 눌러 앉을 사람인 양 좋아하는 책을 소유하지 않고는 못 배기는 책벌레의 태도를 추구미로 삼으면 그만이다. 이사할 때는 골치가 쑤시겠지만 그건 그때 가서 생각하기로 하자. 우리에겐 알라딘 중고 서점이 있으니까. 굳이 책장을 맞출 필요도 없다. 일반 소설이나 시집 같은 규격화된 단행본들은 책장에 가지런히 쌓기보다, 방 한구석에 무심하게 쌓아놓거나 커피잔이나 재떨이 같은 각종 잡동사니와 함께 테이블 위에 올려놓으면 힙해 보인다.

　책은 책일 뿐이니 지나치게 애지중지할 필요는 없다. 좋아하는 책일수록 아끼는 문장엔 연필로 메모해도 좋고, 훔치고 싶은 페이지는 찢어도 좋다. 텍스트힙의 포인트는 무심한 듯 시크하게 책을 다루는 것이다. 그 대신 크고 무거운 책들, 이를테면 잡지나 사진집, 전시 도록 등은 책등이 잘 보이게 하나의 오브제처럼 진열하는 편이 좋다.

 책을 향한 애정이 진심이라면, 아마도 1년에 한두 번쯤은 책 관련 행사에 발걸음이 닿을 것이다. 외향인들이 뮤직 페스티벌에 간다면, 내향인들은 북 페스티벌에 간다. 내향인들도 자신들만의 축제를 즐길 줄 안다. 물론 책 행사에도 사람은 많지만 여기저기서 쏘아대는 물총, 귀에 거슬리는 시끄러운 음악이 없어서 한결 쾌적하다.

 아늑한 분위기의 도서 행사에서는 전 세계 작가들의 신간부터 우리나라 출판의 흐름을 한눈에 살펴볼 수 있는데, 텍스트힙을 즐길 줄 아는 사람들이 모이는 대표적인 행사로는 매년 6월에 열리는 서울국제도서전, 11월에 열리는 언리미티드 에디션이 있다. 책은 물론 책에서 영감을 얻은 각종 굿즈도 구경하고 구매하는 것도 꽤나 즐거운 일이다.

 텍스트힙의 최전선은 글을 쓰는 것이다. 아날로그 감성을 살려 종이 위에 연필로 쓰는 일기, 인터넷에 일상을 편집해서 올리는 블로그, 또는 잘 알려진 책의 문장을 따라

쓰는 필사가 될 수도 있다. 자주 쓰는 소셜미디어에 기록하는 것도 방법이지만, 인스타그램은 언젠가부터 틱톡이나 유튜브와 다름없어졌다. 유명인이 아니고서야 언젠가부터 나의 생각이나 진심의 틈을 비집고 적기가 부담스러워졌달까. 누군가의 진지한 글을 읽다가도 스크롤을 내리면 귀여운 동물들이 튀어 나오거나 모르는 남자가 상의를 벗은 채 춤추고 있어서 난감할 때가 있으므로 이런 경우를 대비해 블로그를 활용하면 좋다. 영상이 온라인 세상을 지배하고 있을 때가 바로 텍스트가 주가 되는 블로그를 시작할 타이밍이다.

블로그에 일기를 쓸 땐 최대한 사진의 비중을 줄이고 글의 함양을 의도적으로 높이려는 노력을 하면 복잡한 머릿속을 차분하게 정리하는 데 도움이 된다. 단, 블로그는 누가 보지 않아도 쓴다는 마음으로 기록해야 한다. 그게 바로 텍스트힙이다. '아름다운 것들은 관심을 바라지 않는다'라는 말을 한 번쯤 되새겨보자. 일기에도 거짓말을 쓰는 게 사람이지만, 블로그의 첫 번째 독자는 바로 나 자신이기 때문에 의외의 솔직함을 발견할 수도 있다.

블로그를 하며 가장 설레는 순간은 블로그에 꾸준히 기록을 공유하고 있는 나와 결이 맞는 사람을 발견할 때다. 합법적으로 누군가의 일기장을 들여다볼 수 있는 것. 누군가가 구축한 자기만의 공간을 살펴본다는 것은 온라인 세계에서 가장 반가운 일이다.

　기회가 닿으면 직접 책을 만드는 것도 즐거운 방법이다. 말 그대로 독립출판을 한다는 뜻이 되기도, 글을 쓰는 작가가 되는 것일 수도 있다. 하지만 이 길은 누구에게나 추천하진 않는다. 영화를 좋아한다고 좋은 영화감독이 되는 건 아니듯, 좋아하는 것은 좋아하는 것으로 남겨둘 때가 가장 아름다운 경우도 있으니까. 하지만 마음만 먹는다면 텍스트 소비자는 비교적 쉽게 텍스트 생산자가 될 수 있다. 예를 들면, 출판사 투고, 텍스트 플랫폼 연재, 혹은 펀딩이나 자비를 들인 독립출판 등을 통해서 가능하다. 이러한 과정이 복잡하고 낯설다면 하나부터 열까지 다 알려주는 출판 워크숍에 참여해도 좋고, 단순히 종이로 뭔가 재미를 추구하고 싶다면 '진(Zine)'을 제작하는 방법도 있다. 진은 잡지를 뜻하는 매거진(Magazine)에서 따온 말로, 관심 있는 주제를 잡아서 마치 다이어리 꾸미듯이, 가볍지만 동시에 개성 있는 책을 내 손으로 직접 만들 수 있다. 내가 만든 세상에 단 하나뿐인 책인 셈이다.

    종이책이 가진 매력과 텍스트가 가진 힙의 가능성은 무궁무진하고 저마다 즐기는 방법도 다르겠지만, 자명한 사실은 책을 즐기는 사람들은 자기가 생각하는 것보다 훨씬 세련돼 보인다는 점이다. 책은 분명 우리의 삶을 한층 더 매력적으로 만든다. 그리고 어딘가에서 지금 이 책을 읽고 있는 당신의 모습이 근사할 거라는 것도 장담컨대 분명한 사실이다.

나는 무알코올 맥주를 좋아한다

그 이유는
첫 번째, 취하지 않는다.
두 번째, 맥주와 맛이 비슷하다.
세 번째, 맛은 맥주인데 취하지 않는다.

무알코올 맥주에 중독됐다. 언젠가부터 하루에 한 캔씩 마시고 있다. 그럼 알콜릭이 아닌, 논알콜릭이라고 해야 하나. 그런데 중독이라는 말을 써도 되는지 의문이다. 보통 유해한 것에 중독이란 말을 붙이니까. 이를테면 술이나 담배, 커피 같은 현대인들의 기호식품들. 물론 무알코올이라 하더라도 지나친 탐닉을 금기시하는 사회적 약속을 잘 지키기 위해 혼자서 두 캔 이상은 마시지 않는다.

어느덧 편의점 매대에 한 줄을 차지할 만큼 위상이 높아진 무알코올 맥주를 이것저것 마셔본 결과, 달큰한 맛부터 보리 탄산수 맛까지 맛의 스펙트럼이 다양하다는 걸 알았다. 처음 마시기 시작했을 때는 맥주 맛과 가장 비슷한 제품을 찾았다. 먹다 보니 무알코올 특유의 가벼운 풍미와 탄산음료처럼 거친 목 넘김 같은 그만의 매력이 있다고 느낀 순간, 내가 중독됐음을 깨달았다.

참고로 무알코올도 엄밀히 따져 '논알코올'과 '무알코올'로 나뉜다. 무알코올은 정말 도수가 0퍼센트이고, 논알코올은 도수가 1퍼센트 미만이다.

적당한 중독은 삶에 활기를 준다. 하루 한 잔 신선한 커피와 한 캔의 시원한 맥주는 많은 사람들에게 삶의 즐거움 중 하나다. 돌이켜보면 대학생 때까지는 커피의 맛을 몰랐는데, 졸업 후 회사 생활을 시작하면서 커피 맛을 알아버렸다. 매일 아침 향긋하고 진한 커피를 마시면 금세 정신이

맑아지며 업무 효율이 마법처럼 올라갔다. 그 뒤로 자연스럽게 커피 마시는 습관이 생겨 커피를 마셔야만 일이 잘되는 것 같은 각성 상태의 기분이 든다.

몇 년간 커피와 맥주 없이 못 살다가 차마 커피는 줄일 수 없어서 유알코올 맥주를 줄여보기로 결심했다. 매일 한 캔, 경미한 알코올 중독으로 10여 년을 살아보니 맥주를 마신 날과 안 마신 날의 아침 피로도 차이가 확연히 느껴졌기 때문이다.

술은 일종의 '밤의 커피'였다. 나는 매일 밤의 불안을 잠재우기 위해 알코올, 그중 맥주를 즐겨 마셔왔다. 알 수 없는 내일이 천천히 다가오는 밤의 시간엔 카페인보다 알코올이 효과가 있었다. 맥주 덕분에 정신이 몽롱해져 근심을 조금 덜고 잠들 수 있었다. 참 신기하게도, 무알코올 맥주를 마셔도 취한 기분이 들었다. 어느새 맥주의 자리를 무알코올 맥주가 대체했고, 진짜 알코올과 다름없는 최면 효과를 내고 있다.

소셜미디어부터 자기계발, 술과 담배까지 저마다의 중독을 누리는 시대, 나는 어쩌다 무알코올 맥주에 중독돼버린 걸까? 하필 진짜가 아닌 '가짜'에 말이다.

이유를 떠올리던 중, 평생 이어온 도시 생활에서 나름의 힌트를 얻었다. 대도시에 산다는 건, 어쩌면 진짜가 아니어도 기꺼이 속아주고 때로 적당히 취하는 게 아닐까. 온오프라인 따지지 않고 하루에도 수없이 지나치는 우연한 만남 중 내 인연이 있다고 믿어보는 것. 같은 하늘, 수없이 다른 삶 중에서 나보다 선명해 보이는 겉모습을 믿어보는 것. 이를테면 누군가의 화려한 얼굴이나 몸, 혹은 넘볼 수 없는 커리어나, 긴 이름을 가진 아파트랄지, 수없이 많은 내 안의 욕망과 맞닿아 있는 것들. 정말이지 언젠가 내 것이 될 수 있는 것만 같은 환상 같은 것들.

그것들은 늘 손에 잡힐 듯 매일 눈앞을 스칠뿐더러, 저 멀리 떨어져 있어도 손가락 하나로 팔로우 관계를 맺고 하트를 주고받음으로써 나와 연결돼 있다는 얄팍한 착각을 선사한다. 어쩌면 그러한 탐닉도 일종의 중독과 같아서 내가 이 도시에 태어나 살면서 무의식적으로 끊임없이 원해온 것은 아닐까.

'가짜 맥주'인 무알코올 맥주처럼, 무해해 보이지만 나를 취하게 하고 중독시키는 것들이 섞인 세상에서 살아가고 있다. 이런 세계를 사는 사람의 모토는 '마음껏 취해버리자'보다 차라리 '속아주자'에 가깝다고 생각하면서, 나는 오늘 밤도 무알코올 맥주를 마신다.

두 사람이
합칠 수 있는 것들

◦ ◦

처음부터 옷장을 합쳤던 건 아니었다. 애초에 서로 스타일이 너무나 달랐다. 20대의 나는 랄프로렌이나 타미힐피거 스타일의 전통적인 프레피 스타일 캐주얼을 추구했다면, 20대의 남자친구는 넉넉한 사이즈의 아메카지 스타일을 추구했다. 나는 어렸을 때부터 단정함을 미덕이라 여기는 편이었고, 자신만의 스타일이 확고했던 남자친구는 티 나지 않게 멋 내는 걸 좋아했다.

내심 서로 다른 모습에 끌려서 사귀다 보니 감히 서로의 스타일을 탐내기 시작했다. 90년대 향수 광고 카피처럼 표현하자면, 그를 걸치고 외출하고 싶었다.

"자기야, 나도 이거 입어봐도 돼?"

"얼추 사이즈는 비슷하니, 한번 입어봐."

어느 날인가엔 그의 빈티지 울 스웨터에서 낯선 매력을 느꼈다. 백화점에서 파는 기성복에서 느낄 수 없는 꺼끌꺼끌한 울의 자연스러운 촉감, 소매에 올라온 보풀 그리고 가슴팍에 새겨진 귀여운 캐릭터 자수까지.

'이 옷은 어떻게 여기까지 온 걸까?' 따분한 옷만 입던 내 기준에는 사랑스러움 그 자체였다. 물론 남자친구가 입고 있어서 그랬던 걸 수도 있지만 속으로 '귀여워!'라는 말이 절로 나왔다. 그 옷을 비롯해 남자친구의 옷을 한두 벌 시도해보니, 의외로 내게 어울리는 느낌이 싫지만은 않았다. 그의 옷을 입을 땐 묘하게도 자유로운 기분이 들었다.

평소의 나였다면 결코 엄두를 내지 않았을 이 옷들. 누군가의 스타일을 있는 그대로 받아들인다는 건, 분명 낯설지만 기분 좋은 도전으로 다가왔다.

"오늘 좀 귀여우신데요?" 자그마한 로고가 박힌 티셔츠 하나를 입고 외출해도 회사 동료들은 금세 눈치를 챈다. 옷 하나 달라졌을 뿐인데 풍기는 분위기의 차이는 도대체 어디서 오는 걸까. 종종 "그 옷은 어느 브랜드예요?"라고 물어보는 동료들 앞에서 나는 말문이 막히곤 했다. 어엿하게 회사에 다니는 30대 남자가 '엄마가 사줬어요'라고 할 수는 없지 않은가. 그렇다고 '제 옷이 아니어서 잘 모르겠는데…'라고 얼버무리면 이상한 오해를 받을까 겁나고. 그렇다고 '친구 옷이에요'라고 대답하기엔 수학여행 전날 인근 학교 친구들과 버버리 셔츠를 돌려 입던 일진들이 떠올랐다. 무엇보다 그냥 '친구'라고 넘겨버리기엔 자존심이 상할 수밖에.

당당하게 '제 남자친구 옷이에요. 짱 귀엽죠? 제 남자친구가 옷을 잘 입거든요'라고 팔불출처럼 말하고 싶지만 일단 참기도 했다.

본격적으로 동거를 시작하고 자연스럽게 우리의 옷장은 하나가 됐다. '프라이드 반', '양념 반'처럼 나뉘어져 있던 옷장이 이제는 한남동이나 성수동에 있는 브랜드 쇼룸의 행어처럼 하나의 분위기로 맞춰져갔다. 그 과정에서 서로의 내밀한 취향을 더욱 알 수 있었다. 또 체형을 고려해 어울리는 옷을 고르되(나는 상체가 길고, 그는 어깨가 좁은 편이다), 중요한 일에 입을 정장처럼 값이 나가는 옷을 구매할 땐 취향의 교집합을 우선순위로 따졌다. 그렇게 우리 둘의 스타일도 입맛처럼 맞춰져가기 시작했다. 두 사람이 함께 입을 수 있는 기준으로 옷장을 구성하다 보니 오히려 많은 옷을 비울 수 있었다. 두 사람이 좋아하는 옷만 남기고, 절대 안 입을 것 같은 옷은 과감하게 정리했다. 옷장의 균질화가 이루어진 셈이다.

예전 같았으면 혼자 고민하고 구매했겠지만, 어느새 옷 쇼핑은 무조건 두 사람이 함께하는 즐거운 일이 됐다. 서로의 의견을 조율하고 합치고, 조금 더 나은 쪽, 정확히 표현하자면 '우리'에게 맞는 스타일을 찾았다.

"이 옷 어때?"라는 질문은 매년 순환하는 패션계의 S/S나 F/W 시즌처럼 우리를 찾아왔다. 그건 단지 옷의 문제를 넘어서 지금 하는 일과 주로 만나는 사람 그리고 기존에 가지고 있던 옷들과 새로운 옷과의 조화를 고려해서 결정해야 하는 일이었다. 처음엔 좋아하는 옷을 고르는 일로 시작했지만, 삶의 다양한 부분에서 서로의 생각에 한 뼘 더 다가가려는 노력이, 두 사람이 함께 그리는 인생의 중요한 일이라는 걸 깨달았다. 그 과정에서 우리는 좀 더 친밀해지고 점점 더 복잡한 종류의 행복감을 느꼈다.

"오늘 뭐 입을 거야?"라는 말과 함께 매일 아침 외출복을 체크하는 일로 하루를 시작한다.

가장 새로 산 옷은 아무래도 경쟁이 치열하다. 종종 의외인 점도 발견하는데, 나는 더 이상 손이 가지 않는 옷을 그는 열심히 입는 모습을 볼 때다. 한번은 내가 고등학생 때 산 랄프로렌의 브라운 체크 셔츠를 남자친구가 열심히 입고 다니길래 물었다.

"그 옷이 좋아?"

"응, 예뻐. 이거, 예전에 좋아했던 옷 아니야?"

"맞아, 수학여행 갈 때 용돈 모아서 산 거였지…."

당시 랄프로렌 매장 점원분이 "이 패턴은 클래식 체크라서 질리지 않고 오래 입을 수 있을 거예요"라고 말했던 것까지 새삼스럽게 기억이 났다. 옷은 그대로인데 내 취향이 바뀌어 버린걸…. 이제 나는 눈길조차 안 주고 옷장 구석에 처박아둔 옷에게 남자친구가 다시 빛을 보게 해준 것이다. 그가 입으니 나보다 잘 어울리고 내 학창 시절도 생각나는 게, 애틋한 기분이 들었다.

남자 둘이 살면 합칠 수 있는 게 많아진다. 두 사람이 함께 살아가기로 약속했다면 옷, 책, 화장품 그리고 통장과 냉장고까지 합쳐야 한다. 옷을 합쳐서 혹시 내 색깔을 잃을까 걱정되는 사람이 있다면 이렇게 말할 것이다.

합치는 걸 겁내지 마세요, 옷을 스치는 손끝의 끌림을 믿어보세요!

단언컨대, 다른 무엇보다 옷을 공유한다는 건 동성끼리만 할 수 있는 가장 비밀스럽고 귀여운 행위 중 하나이고, 두 사람의 옷장이 하나가 된다는 건 매일 새로운 스타일을 만날 수 있는 가슴 뛰는 문이 열린다는 뜻이다. 물론 너무 체형이 다른 커플은 힘들겠지만 말이다.

노력하지 않고
유명해지기

바야흐로 셀러브리티 전성시대다. 자신의 장점을 적극적으로 알리는 게 미덕이자 재능인 시대가 됐다. 특출난 외모나 능력이 없는 평범한 사람도 마찬가지다. 불과 10년 전만 해도 온 세상이 '청춘이 아픈 건 네 탓이 아니야'라며 자존감 높여주는 데 안달했던 거 같은데, 지금은 '하나의 브랜드'가 되라고 등을 떠민다.

사실, 나도 내심 유명해지고 싶은 수많은 '셀럽 지망생' 중 한 명이다. 일단 이 책이 잘 팔리고 어엿한 작가로 인정받기 위해서는 커리어와 인맥 관리도 해야 하고, 글도 꾸준하게 써야 하고, 뉴스레터와 팟캐스트 제작 그리고 당장 생활을 위한 소득을 얻을 생산적인 일도 해야 한다. 한 번의 인생, 한 가지 일, 하나의 정체성으로만 살아남는 시대는 어찌 됐든 끝났으니까, '중요한 건 꺾이지 않는 마음'이라는 시대정신의 흐름에 맞춰 모두가 각자도생하고 있는 셈이다.

  TV에 나오던 연예인을 제외하고 내가 만난 인생의 첫 셀러브리티는 노량진 학원가의 강사였다. 그들의 수업은 일단 유익하고, 수업이 진행되는 한 시간 동안 한 편의 드라마를 보는 듯한 웃음과 감동을 선사한다. 진정 이 사람이 나를 구원해줄 메시아일까, 미래가 불안한 수강생들에게 확실한 만족감도 준다.

  교단이라는 무대 위에서 그들이 내뿜는 아우라는 연예인 보는 기분을 방불케 했다. 그들은 지각하거나 갑자기 휴강을 해도 마치 행사장의 콜타임보다 먼저 도착하면 자신의 가치가 깎인다고 여기는 배우처럼 늘 당당했다.

  노량진 학원가에서 가장 인기 있는 강사의 수업을 들으며 나와 같은 처지인 수강생들 틈에서 의외의 내적 안정감을 누리던 고3 시절. 인기 있는 선생님의 1열 팬덤이 된 우리들은 사실 다른 선생님의 수업과 별반 다를 것 없는 수업을 중독된 듯 계속 들으며 재수, 삼수라도 할 것처럼 학원비를 조공하고 있었다.

나는 같은 수업을 듣던 친구 몇몇과 함께 생일을 맞은 선생님을 감동시킬 깜짝 이벤트를 준비했다. 우리는 쉬는 시간, 영화〈러브 액츄얼리〉의 명장면인 스케치북 고백 신을 교무실에서 연출했는데, 난처해하는 선생님의 표정을 보곤 선생님 덕질은 더 이상 그만두기로 했다. 그렇게 나는 재수를 했고, 그 뒤로는 인기 없는 강사들의 수업만 골라서 듣기 시작했다.

마치 선거철의 정치인처럼 학원 빌딩 현수막에 얼굴이 걸린 유명 강사의 수업은 수강 신청 당일 새벽 6시부터 줄을 서 티켓팅해야 했지만, 인기 없는 강사는 굳이 그럴 필요가 없었다. 그냥 내가 듣고 싶은 시간에 맞춰서 고르면 그만이었다.

인기 없는 선생님의 첫 수업 날. 수업 시작 즈음하여 강의실에 도착하니, 선생님만 와 계셨다.

"자, 오늘 첫 수업이네요. 반가워요."

선생님의 인사말 뒤로 적막한 공기가 감돌았다. 9시 정각이 되자마자 선생님은 기다렸다는 듯이 프로답게 수업을 시작했다. 마이크도 없었는데 선생님의 목소리가 메아리처럼 강의실에 쩌렁쩌렁 울렸다.

그때 나는 '여기서 애매하게 한 명 더 들어오느니, 그냥 이대로 쭉 나 혼자였으면 좋겠다…'라고 생각했다. 수강생이 두 명이 되는 순간, 결석이나 지각할 때 민망한 눈치 게임이 될 수 있기 때문이다. 차라리 나 혼자면 이 수업을 끝내는 것도 오직 내게 달려있을 테니까. 그 짧은 시간 동안 '혹시 내가 말도 없이 수업에 빠지거나, 내일 이 수업을 환불하면 선생님은 얼마나 민망할까?' 걱정하는 지경까지 이르렀다.

과연 이 인기 없는 선생님은 유일한 수강 신청생인 내가 고마웠을까, 아니면 성가셨을까? 인기 없는 아이돌의 막상 없으면 아쉬운 팬 같은 느낌이었으려나.

그때나 지금이나 '인기 없는 사람들'을 떠올리면 왠지 모르게 위안이 된다. 그들은 거품 같은 인기에 휩쓸리지 않고 내가 가는 이 길이 내 길이 맞는지 혼란스러워하면서도 묵묵히 자신만의 길을 만들어간다. 겉으론 초연해 보여도 수면 아래에선 발을 열심히 휘젓는 백조처럼 남몰래 노력하고 있는 모습이 눈에 훤해서 묘한 동질감이 느껴질 때도 있다.

평소와 다름없는 휴일을 보내다 인기 없는 영화감독이 쓴 소설을 읽었다. 문득 관객 2천 명을 동원한 그의 영화도 궁금해서 OTT 서비스에서 찾아보니… 음, 역시나 인기가 없을 만했지만 한편으론 찌질하고 귀여운 구석이 있어 무해한 맛이 느껴졌다. 남들은 모르는 그의 매력을 발견한 것 같아서 은근히 만족스러웠다.

우리는 모두 인기 있는 사람이 되고 싶어 한다. 또 누군가가 인기 있는 데엔 다 그만한 이유가 있다. 하지만 인기 없는 것도 곧 매력이라는 사실을 알 필요가 있다. 왜냐하면 나만 알고 싶은 '마이너'한 매력만큼 독보적이고 강한 끌림은 없으니까.

그럼에도 불구하고 유명해지고 싶은 생각이 들 때는 어떻게 해야 할까? 우선 이 질문에 흥미를 느꼈다면 가장 먼저 스스로의 힘만으로 유명해지는 건 진작에 포기하는 편이 낫다. 먼저 자신이 남들보다 조금이나마 돋보이는 재능, 유들거리는 성격을 가진 사람인지 물음표를 던져보자. 유명해지려면 공중파 방송 같은 파급력 있는 매체를 활용해야 하는데, TV에 나올 일도 딱히 없고 브이로그를 찍는 것도 영 적성에 안 맞을 거다. 짧은 시간에 눈길을 사로잡을 수 있는 '숏폼'도 맞지 않는 옷처럼 어색할 테고. 근본적으로 어디 가서 사람들을 비집고 내가 가는 곳, 먹는 것들을 영상과 사진으로 담느라 현재를 유예하는 행동 자체가 전혀 이해되지 않지만 이해해보려고 애쓰는 중일 것이다.

요즘엔 그런 강박적인 기록이 어느 측면에선 트렌드에 뒤처지는 것으로 보일 정도라, 근사한 전시를 보고도 포스팅하지 않는 게 진짜 유니크한 거란 말까지 돌고 있다. 너도나도 앞다퉈 자신의 일상을 콘텐츠화 해서인지, 그러한 역발상 애티튜드를 갖는 것도 나름 즐거운 반항으로 느껴질 정도랄까.

노력하지 않고 유명해질 수 있는 가장 쉬운 방법은 나 대신 유명해질 사람을 찾는 것이다. 유명해지고 싶은데, 아무래도 시간이 좀 걸릴 거 같다 싶으면 유명한 친구를 사귀는 게 가장 현명한 선택일지도 모른다.

넷플릭스 드라마 시리즈 〈에밀리, 파리에 가다〉의 주인공 '에밀리'는 야심만만한 마케팅 전문가다. 파리에 위치한 꿈의 직장으로 발령받은 그녀는 소셜미디어에 자신의 일상을 공유하기 시작하고 자기가 알고 있는 인물들을 최대한 활용해 시너지를 일으킨다(물론 그녀는 예쁜 외모와 특출한 패션 센스를 겸비하고 있다). 이후 인플루언서가 된 에밀리는 그동안 쌓은 인기와 영향력으로 친구들과 각종 도움을 주고받는다.

유명해지고 싶은데 도저히 귀찮아서 유명해질 시간이 없는 이들을 위한 팁은 바로 여기에 있다. 에밀리를 물심양면으로 도와준 에밀리의 친구들처럼, 차라리 내 주위 사람이 유명해지게끔 도움을 주면 된다. 셀러브리티 시대에는 내 주위 사람이 얼마나 잘나가는지가 곧 내 잠재력으로 평가되기 때문이다. 기왕 유명해지고 싶은 거, 나 혼자 유명해져서 외로운 것보다 친구들과 함께 유명해지면 든든하고 좋지 않은가.

그러니까 제발 내 주위 친구들이 좀 더 열심히 노력했으면 좋겠다. 맨날 소셜미디어에서 (갓생도 열심히 살면서) 몇 년째 셀럽 지망생만 하고 있는 친구들이 나를 포함해서 꽤 된다. "제 꿈은 재벌 2세인데, 아버지가 노력을 안 해요"라는 어느 코미디 콩트의 멘트처럼, 손 안 대고 코 풀 듯 유명해지고 싶을 때마다 늘 되새기고 있다.

 내 꿈은 셀러브리티 친구들 덕분에 덩달아 나까지 유명해지는 건데, '친구들이 노력을 안 해서' 고민이라고.

작은 집에
사는 기쁨

대한민국, 특히 내가 살고 있는 서울에서는 출퇴근 시간의 광화문역이나 강남역 지하철역에서 마주치는 사람들처럼 생활하려면 고려할 것들이 많다.

소속된 직장 혹은 학교가 있어야 하며, 패션이나 유행에도 민감해야 한다. 각종 소셜미디어를 비롯한 사회관계도 신경 써야 하며, 주말엔 정기적인 문화생활이나 여행, 취미 활동도 꾸준히 하는 편이 좋다.

그렇게 사는 게 꼭 나쁜 것은 아니지만, 매일을 쳇바퀴 돌듯 살다 보면 '평생을 이런 식으로 살아야 하나?' 답답한 마음이 든다. 그러다 뭐 하나 빠지듯 느껴지면 남들에 비해 왠지 뒤처지는 것 같아 조바심이 들기도 한다.

실은, 이 모든 것의 중심이자 사람들의 궁극적인 관심사라고 할 수 있는 것이 단연 '집'이라 해도 과언이 아니다. 사람들과 집에 관해 이야기하다 보면 내 집 마련과 집값 상승에 대한 푸념, 가용 예산으로 좀 더 크고 쾌적한 집 혹은 더 좋은 동네로 이사 가는 방법 등으로 귀결된다.

일상에서 훅 들어오곤 하는 "어디 사세요?"라는 질문에는 여러 의미가 내포된다. 이 말속엔 복잡한 맥락이 얽혀있어서 질문을 받은 사람은 때에 따라 네 가지 정도로 답할 수 있다.

첫째, '서울', '경기도'처럼 지리적 위치로. 둘째, '강북', '강남'처럼 행정상 구역으로. 셋째, '망원동', '성수동'처럼 거주 동네를 통해 본인의 라이프스타일 취향을 넌지시 드러내면서. 넷째, '아파트', '빌라', '원룸'처럼 주거 형태로(내 의지와 상관없이 서울에서 태어나 평생을 살았지만 여전히 맘 편히 오갈 곳 없는 무주택자의 편협한 사고방식일 수도 있다). 이처럼 우리가 집을 생각하는 기준이 아파트 가격처럼 위계화 돼 있다 보니, 아이러니하게도 개인의 정체성을 함축적으로 드러내는 게 집이 되어버렸다.

나는 서른 살에 서울 서대문구에 있는 작은 아파트로 이사했다. 스물여섯 살, 부모님으로부터 독립 후 약 4년간의 원룸 생활을 마치고 감격스럽게도 공간이 분리된 아파트로 이사하게 된 것이다.

내가 사는 아파트는 서울의 도심 광화문에서 불과 3킬로미터 정도 떨어진 입지에, 베란다 너머로 인왕산이 손에 닿을 듯 가까운 숲세권, 지하철역이 도보 5분 거리에 있는 역세권 아파트로 남부럽지 않은 주거 환경을 갖추고 있다. 한국 아파트식 작명법으로 표현하자면, '서대문 센트럴 포레 캐슬 아파트' 정도 될까. 농담 같지만 농담이 아니고, 아무튼 한 가지 아쉬운 점은 그 아파트가 내 소유가 아닌 서울주택도시공사의 소유라는 점인데, 그 말인즉 내가 임대주택의 세입자라는 거다.

임대주택에 산다는 게 누군가에겐 자랑스럽지 않은 일임을 짐작케 한 뉴스를 본 적이 있다. 어른들에게 차별을 그대로 배운 탓인지, 초등학생들 사이에서 임대주택에 살거나 빌라에 사는 또래 친구들을 차마 입에 담고 싶지 않은 단어를 사용해 구별 짓는다고 했다. 실제로 그러한지 언론에서 자극적으로 기사를 썼는지 사실은 알 수 없지만, 나는 정말이지 별일 없이 이곳에 만족하며 살고 있다(물론 내가 아이를 키우지 않아서 그럴 수도 있다).

　한국 사회를 사는 청년으로서 평균적인 임금을 받고 있다는 사실을 국가에서 인정받으면, 일정 기간 동안 주변 시세에 비해 저렴하고 안전한 주거 공간을 보장받을 수 있다는 건 좋은 복지 정책이다. 특히 경제 활동을 막 시작할 무렵에는 주거 안정이 필수적이다. 비록 자신의 조건에 맞는 임대주택을 찾고 높은 경쟁률을 뚫고 당첨되야 한다는 게 성가신 일이긴 하나, 최대 10년간 거주할 수 있는 집이 생겼다는 점이 내겐 꽤나 큰 사회적 안정감을 주었다.

　지난 몇 년간 이 집에 살면서 모든 게 셧다운된 코로나 팬데믹을 겪었고, 반려동물의 노후를 준비했으며, 커리어와 결혼을 계획할 수 있었다. 전세 사기가 사회적인 문제로 떠오를 때쯤엔 집주인에게 보증금을 떼일 일 없다는 점이 위안이 됐고, 집의 사소한 유지보수 측면에서도 사람을 상대로 불필요한 실랑이를 하지 않아도 된다는 점에 있어 마음이 놓였다. 원룸살이와 견주었을 때 확실히 임대주택이 정신 건강과 통장 관리에 좋다는 결론에 이르렀다.

물론 다른 집처럼 한계도 존재한다. 부동산 시장과 민간 주택과의 형평성을 고려해 '청년', '신혼부부' 등 정부가 분류한 유형에 따라 분류된 평수의 집에 살아야 하는 것이 대표적이다. 그렇지만 나는 이 집에 살면서 오히려 작은 집의 장점을 발견했다. 작은 사이즈에 맞게 내 생활을 꾸려나가는 것은 살면서 한 번쯤 해볼 만한 경험이었다. 내가 누리는 집과 물건은 마치 여행길의 배낭과도 같아서, 부담할 몫을 줄이면 줄일수록 내게 더 큰 자유를 선사했다. 오죽하면 산티아고 순례길에선 순례객 배낭의 무게를 두고 '전생의 업보'라고 말할까. 일상을 단출한 차림의 여행자처럼 사는 사람들을 언젠가부터 우리는 '미니멀리스트'라고 부르기로 하지 않았나.

이 집의 구조는 '1LDK'다. 'LDK'는 주거 형태를 나타낼 때 일본에서 흔히 쓰는 표현으로 1LDK는 방(Living room)과 거실(Dining room) 그리고 주방(Kitchen)이 각각 하나씩 있다는 뜻이다. 2LDK는 방이 두 개라는 의미다. 우리나라에서 자취방 매물을 소개할 때 원룸, 투룸으로 표현하는 것과 유사하다. 어째서인지 같은 집이라도 1.5룸이라고 하는 것보다 1LDK라고 하면 조금 더 '있어 보이는' 착각이 든다.

내가 사는 집의 구조를 설명하면 이렇다.

먼저 현관에서 가장 먼 쪽에 침실이 있다. 집에서 가장 넓은 침실에는 더블 침대와 공간의 효율을 위해 기역 자로 설계한 이케아 시스템형 옷장과 수납장, 2인용 소파가 놓여있다. 침실은 세탁기와 건조기, 실외기실이 있는 베란다와 연결돼 있다. 복도식 아파트의 1층이라서 베란다 밖으로는 사시사철 소나무들이 보여 푸르르고 비가 오나 눈이 오나 계절의 변화를 체감할 수 있다.

그리고 적당한 크기의 화장실과 복도같이 길게 뻗은 주방이 있다. 주방은 공간이 크지는 않지만 요리하기엔 부족함이 없다. 냉장고와 싱크대 사이에는 간식을 보관하는 트롤리가 있고, 싱크대 뒤쪽엔 다용도 선반을 뒀다. 선반 하단엔 내가 가장 아끼는 가전제품인 쿠쿠 밥솥과 10년째 고장 나지 않고 작동하고 있는 전자레인지가 있다. 그 위에는 발뮤다 커피머신과 무인양품 전기포트가 있다. 나는 여기서 매일의 식사와 커피를 준비한다. 은은하게 광택이 흐르는 광주요 밥그릇에 김이 모락모락 피어나는 하얀색 쌀밥을 담아 단정한 나무 트레이 위에 올려놓으면서 '나는 정말 밥심으로 살아가는 한국인이구나' 하고 슬며시 고개를 주억거린다. 하루 한 끼는 반드시 정갈하게 놓인 밥과 반찬을 수저로 들며 또 한 번 오늘을 살아갈 힘을 낸다.

작은 집에 살면서 나는 미니멀리즘을 추구하는 실용적 인간으로 거듭났다. 그건 선택이 아닌 필수였다. 마음에 드는 침대와 소파, 옷장, 테이블 등을 알차게 채워 넣으려면 1센티미터의 오차도 용납할 수 없는 치밀함이 필요했기 때문이다.

게다가 그간에 다듬어온 취향과 소비 경험이 기준이 돼서 이제는 쓸데없는 물건을 사는 일이 줄었고, 진짜 행복은 사고 싶은 물건을 '지를' 때의 일시적 쾌감이 아니라, 그 물건을 제대로 사용하고 관리해야 극대화된다는 사실을 배웠다. 덕분에 과거보다 나은 생활을 영위하면서 하고 싶은 일을 하는 데 더 많은 돈을 투자할 수 있게 된 셈이다.

이런 라이프스타일을 최선이라고 말할 수 없을지도 모른다. 하지만 나만의 인생 계획과 경제 활동에 맞는 삶을 지금처럼만 잘 꾸려간다면, 고소득 직장만을 추구한다거나 사회적 체면만을 위해 부자연스러운 삶을 억지로 살지 않으면서도 하고 싶은 일을 하면서 행복하게 살아갈 수 있을 것이다. 노동력만으로 내 집을 구하기 어려워진 이 시대, 불확실한 미래를 위해 현재의 고된 삶을 감수해야만 하는 청년들의 부담이 누그러지기를 공감하면서 말이다.

부동산 공화국인 한국 사회에서는 요원한 일이겠지만 저마다의 라이프스타일에 걸맞은 집을 찾는다면, '좋은 집'에 대한 고정관념은 차츰 깨질 것이다. 그러다 보면 '84제곱미터의 외래어 이름 브랜드 아파트를 투자 목적이 아니고서야 영끌 해서 살 필요가 있을까?' 의문을 품는 사람이 훨씬 많아지지 않을까. 도시생활자 혼자, 또는 둘이서 살기 적합한 임대주택이라면 대도시의 다양한 삶의 형태만큼이나 대안으로서의 가치가 충분하다.

언젠가 이 집을 떠나 또 한 번 이사를 가게 된다면 구조가 독특하고 세월의 흔적이 묻어있는 구옥을 구해서 조금씩 고쳐나가면서 살고 싶다는 로망이 있다. 말 그대로 로망이니까, 한 번쯤 꿈꿔보는 거다. 평생 똑같은 집만 꿈꾸며 살기에는 우리의 인생이 너무 길다.

다수가 갖는 욕망을 좇기보다는 자기만의 기쁨을 찾으려는 사람, 사회적 기준에 얽매이지 않고 자유롭게 일하는 사람, 스스로가 행복한 일에 돈과 시간을 쓰고 싶은 사람, 소비를 과시하지 않고 친환경적인 삶을 추구하는 사람까지. 남들과 조금 다른 생각을 가진 이들의 공통점은 자신에게 무엇이 필요한지, 무엇이 중요한지, 무엇이 행복에 가까운지, 무엇이 가장 나다운지를 정확히 파악하고자 한다는 점이다.

세인들의 왈가왈부에 동요하지 않으면서 나만의 만족감을 우선순위에 두고 살아가고자 노력하는 사람들은 공감할 것이다. 보면 볼수록 사랑스러운 반려동물, 들으면 기분이 늘 좋아지는 음악, 자주 쓸수록 빛을 발하는 물건처럼 집도 마찬가지로 꾸준한 만족감을 줄 수 있어야 한다.

종종 '나는 잘 살고 있는 걸까?'라는 의문이 들 때마다 내가 정확히 좋아하는 것들로 채워진 지금의 집을 떠올린다. 그런 내 집의 한구석이 나를 닮았다는 기분이 들 때 비로소 안심이 된다.

내가 누리는 집과 물건은 마치
여행길의 배낭과도 같아서,
부담할 몫을 줄이면 줄일수록
내게 더 큰 자유를 선사한다.

아무것도 되지 않으려야
무엇이든 될 수 있다고

 살다 보면 정말 하고 싶은 걸 실행에 옮겨야 직성이 풀리는 타이밍이 찾아온다. 직장인으로서 남이 시키는 일만 하다 보니 어느 순간부터는 내가 감당할 수 있는 만큼, 원하는 방식으로 일하고 싶다는 생각이 들었다.

 좋아하는 글쓰기를 기반으로 사람들과 연결될 수 있는 일을 하고 싶었다. 그래서 2021년부터 '정규환의 개인사정'이라는 이름으로 뉴스레터와 팟캐스트를 발행하고 있다. 새로운 콘텐츠를 만들어내야 한다는 고민이 극심한 밤엔 '지금이라도 내게 맞는 회사를 다시 찾아봐야 하나?' 불안할 때도 있지만, 누가 시키지 않고 오롯이 내가 계획한 일을 실행할 때의 즐거움이 더 크다.

동명의 뉴스레터와 팟캐스트에서는 이름 그대로 아주 사적인 일상을 다루면서 나와 닿아 있는 사회적인 질문들도 던진다. 예상보다도 많은 분들이 이 느슨한 기록에 반응을 보였다. 그중엔 내 뉴스레터를 구독하다가 직접 뉴스레터를 발행하고 싶은 마음이 생겼는데, 어떻게 시작해야 할지 모르겠다는 구독자들도 있었다.

먼저 시작한 선배의 입장에서 내가 겪은 시행착오나 소소한 팁 같은 걸 많은 분들과 나누고 싶다는 의욕이 생긴 차에, 마침 좋은 기회를 얻어 〈나만의 뉴스레터 만들기〉라는 소규모 강의를 열게 됐다.

인연이라면 인연일 내 인생의 첫 번째 수강생 한 분은 "글 쓰는 사람"이 되고 싶어서 신청을 했다고 밝혔다. 그는 욕심을 조금 보태, 인스타그램의 유명한 작가들처럼 보이고 싶다는 포부를 밝혔다. 얼마 지나지 않아 그가 자신의 이름을 내건 뉴스레터를 시작한다는 소식을 인스타그램을 통해 접했다. 독립영화 포스터 같은 게시물에는 이런 캡션이 적혀있었다. "구독료는 만 원! 당신의 친절한 이웃 작가, 한 달 동안 열 개의 글을 보내드립니다." 당돌하고 멋진 시작이었다. 나는 선생님이자 구독자로서 진심을 담은 응원과 함께 소정의 구독료를 보내고 구독 신청을 했다. "잘하실 수 있어요. ××님의 이야기는 그 누구도 값을 매길 수도, 저울질할 수도 없답니다. 이 세상에 단 하나뿐이니까요!"

설레는 마음을 품고 메일을 기다렸다. 하지만 분명 첫 메일이 와야 할 날짜가 됐는데 오지 않았다. 하루, 이틀, 일주일이 지나도 오지 않더니 불현듯 인스타그램 DM이 날아왔다. "사죄의 말씀을 올립니다. 10월엔 이런저런 사정으로 메일 발송을 못 하게 됐습니다. 11월에 두 개의 메일을 더 보내드리겠습니다."

나는 "응원합니다. 기대할게요"라고 답장을 했다.

어느덧 11월이 되고, 중반이 지나도록 메일은 오지 않았다. 잠자코 기다리다가 피드백을 드려야겠다는 마음에 "메일이 안 오는 거 같은데, 혹시 무슨 일이 생긴 건가요?"라고 먼저 연락을 드렸다. 나는 분명 돈을 내고 구독한 소비자인데, 마치 숙제 검사하는 선생님이 된 것 같은 기분이 들었다.

무려 두 달 만에 첫 번째 메일과 글 한 편이 내 편지함에 도착했다. 제목은 "자기소개 그리고 유년 시절".

본인의 유년 시절 기억과 함께 현재의 자신이 좋아하는 것과 싫어하는 것에 대해 소박하고 담백하게 쓴 글이었다.

나는 크게 감동했다. 얼핏 보기에는 그저 평범한 글일 수 있지만, 그 글을 쓰기까지 그가 얼마나 많은 용기를 냈는지 어렴풋하게나마 헤아려졌기 때문이다. 무슨 이야기로 시작해야 할지도 모르고, 어디서부터 어디까지 이야기해야 할지도 몰랐을 텐데. 누구한테 읽힐지, 쓰다 보면 문득 스스로에게 어떤 의미가 있는 글인지도.

처음 글을 쓸 땐 자신이 선망하던 작가처럼 아름다운 문장을 쓰고 싶고, 〈유퀴즈〉에 나오는 사람들처럼 따뜻한 말로 위로를 해주고 싶은데 그게 마음먹는다고 쉽게 되는 게 아니니까.

나는 그 짧은 메일을 읽고 그 사람이 어떤 사람인지 조금이나마 알 수 있어서, 그가 보통 사람들처럼 지극히 평범한 인생을 살아서 조금 눈물이 날 것 같았다. 그의 글에는 어디서도 볼 수 없는 진심이 담길 것이라는 기대감이 들었고, 앞으로 그가 보내올 글들이 궁금해졌다.

그의 글은 이렇게 끝을 맺었다. "중학생이 되고 나의 탄탄대로 인생은 무너졌다."

그다음이 빨리 읽고 싶어졌다. 공교롭게도 나 또한 중학생 때 부모님의 사업 실패로 힘든 시기를 보냈던 경험이 있어서 나의 친절한 이웃 작가가 새 글을 보내주면 마음껏 읽고 공감할 준비가 되어있었다. 그가 아무 이야기라도 해주길 바랐다. 억울한 일을 당했을 때 막말했던 일이라든가, 길고양이를 보며 소소하게 행복했던 일 같은 것. 그가 보낸 하루에 관한 모든 이야기를 상상했다. 하지만 11월이 다 지나도록 약속한 열한 개의 메일은 오지 않았다. 글쓰기 혹은 솔직함에 대한 부담 탓이었을까.

정확한 이유는 알 수 없지만, 이제부터 참견하면 오지랖이 될 거 같아서 응원하는 마음도, 기다리는 마음도 고이 접기로 했다. 그렇게 이미 시작해봤으니 그것으로도 충분하다고, 이번엔 비록 실패라고 하더라도 다음번엔 분명 더 잘할 수 있을 거라는 용기를 속으로만 전달했다. 모니터 앞에 앉아서 글을 쓰는 두려움과 좌절 그리고 크고 작은 실패와 성취를 지금의 나도 매일매일 겪고 있으니까.

글을 쓰기로 한 사람의 입장에서 반대로 누군가의 글을 기다리는 사람의 입장이 돼보니 기분이 색달랐다.

내가 구독자에게 메일을 보낼 때는 소중한 구독료가 아깝지 않게 최대한 글을 길게 써볼까 싶기도, "실망이네"라는 반응이 나올까 봐 걱정이 앞서기도 했다. 남들에게 '쓰겠다'고 선언한 이상 걸출한 글을 써내야 한다는 압박감도 상당했다. 그런데 정작 스타트라인에 선 예비 작가의 구독자가 돼보니 이런 생각이 들었다. 일단 뭐라도 좋으니 보내. 내가 보고 싶은 건 내 인생을 뒤흔들 마스터피스가 아니라, 지금이 지나면 돌아오지 않을 누군가의 생각과 마음가짐이라고.

끝끝내 마감하지 못한 그의 모습에 자꾸 내 모습을 돌아보게 돼서, 그와 나눴던 의견 하나하나가 신경 쓰였다. 내가 괜한 용기를 불어넣은 게 아닐까. 어느 정도 뻔뻔함이 필요한 뉴스레터가 그에겐 맞지 않는 방식이 아니었을까. 작가가 되고 싶은 그 마음은 이해하지만, 혹 그런 꿈부터가 자기 영혼을 갉아먹는 불행의 씨앗을 심은 것과 다름없지 않았나. 나도 출판 계약을 덜컥 하고 몇 년간 진지하게 고민했다. 내 이름을 건 책 한 권 내는 게 꿈이었지만, 과연 내가 쓸 수 있을까? 이거 잘한 일일까?

    이 책이 나오기까지 3년이란 시간이 걸릴 줄 몰랐다. 알았더라면 시작할 수 있었을까. 아니면 몰랐기에 시작할 수 있었던 걸까.

    아무것도 되지 않으려야 무엇이라도 될 수 있을 거라고. '우린 아직 젊으니까'라고 불합리한 시대 탓을 하며 꿈을 유예하자는 이야기가 아니다. 행위가 우리 존재를 앞서기도 한다. 묵묵히 일하다 보면 전문가가 되고, 꾸준히 쓰다 보면 작가가 되고, 노래하다 보면 가수가 되고, 찍다 보면 감독이 되고, 운동하다 보면 바디프로필도 찍는 거고. 그게 자연스럽다. 그러니까, 간절히 무엇이 되고 싶다고 꿈꾸면서 고통스럽다면, 그 무엇이 되기 전까지는 한번, 아무것도 되지 않으려고 생각해보는 편이 차라리 나을 수도 있다고.

공중목욕탕의
섹슈얼리티

○ ○

 오랜만에 공중목욕탕에 갔다. 의심 없이 남탕으로 입장하는 티켓을 끊고 열쇠를 받았다. 신발을 벗고 코너를 도니 캐비닛이 보였다. 탈의실에서 옷을 한 겹씩 벗고 탕으로 발걸음을 옮겼다. '샤워 후 입장하세요'라는 안내문을 지나 유리문을 여니 널찍한 공중목욕탕의 풍경이 펼쳐졌다. 언제 와도 익숙한 냄새와 습도, 내부 구조.

 무방비 상태의 약간 부끄러운 기분으로 벽면에 붙은 샤워기로 가 수전을 돌리면 '쏴' 하는 소리와 함께 물이 온몸으로 쏟아진다.

처음 목욕탕에 간 건, 유년 시절 아빠를 따라서였다. 매주 일요일 아침이면 집 앞 상가 건물 4층에 있는 목욕탕을 가는 게 주말 루틴이었다. 초등학생 때는 또래 친구들과 동네 이곳저곳의 목욕탕을 탐방했다. 목욕탕은 우리에게 일종의 놀이터 같은 공간이었다. 목욕이라기보다 물놀이에 가까운 시간을 보내고, 바나나 우유에 빨대를 꽂아 쪽쪽 빨아 먹으면 남자가 되어가는 기분이었다.

중학교에 들어가서는 어느 시점부터 목욕탕과 멀어졌다. 털이 난 몸을 친구들 앞에 드러내는 게 부끄러웠다. 내게도 사춘기가 찾아온 것이다. 내가 점차 목욕탕과 거리를 둔 사이, 눈에 띄게 많았던 골목골목의 목욕탕들도 하나둘 자취를 감추기 시작했다. 훗날 코로나 팬데믹을 겪고 동네 목욕탕은 대표적인 사양산업이 됐다.

이 목욕탕에 오기 전, 한 친구로부터 이곳과 관련된 섹시한 이야기를 들었다. 목욕탕 근처에 사는 친구가 우연히 이곳에 혼자 방문했는데, 다른 목욕탕과는 미묘하게 분위기가 달랐다고 했다. '뭐지?' 싶었는데, 습식 사우나 구석의 어두운 곳에서 발기한 채 앉아있는 남자와 마주하고 말

앉다는 것이다. 친구는 놀라서 황급히 뛰쳐나왔다고 했다.

　친구가 들려준 에피소드가 떠올라 의식하지 않을 수 없었다. 탕 안에서 축축한 공기를 천천히 느끼고 있자니 목욕탕이란 공간이 조금 다르게 느껴졌다. 그러고 보면, 우리나라의 목욕탕은 어째서 샤워하는 사람을 탕 안에서 감상할 수 있는 구조로 만들어진 걸까. 주위를 둘러보니 적절한 온도의 쑥탕에서는 두 남자가 요즘 하는 게임이나 프로야구에 대해 이야기하고 있었고, 구석에서는 저마다의 방식으로 홀로 목욕하고 있는 남자들이 보였다.

　간단한 목욕을 마치고 복층에 있는 수면실에 가려니, 계단에서부터 묘한 느낌이 들었다. 벽면에 '품위를 해치는 행위 금지'라고 쓰여 있었다. 복층 난간을 막아둔 아크릴 칸막이에는 정체를 알 수 없는 얼룩들이 보였다. 처음엔 어둡고 조용해서 아무도 없는 줄 알았다. 안쪽으로 들어가니 어둑한 조명 밑 한구석에 한 남자가 홀로 매트에 앉아있었다. 그는 로댕의 〈생각하는 사람〉 조각상처럼 생각에 잠긴 듯했다. 하얀색 타월을 허리춤에 두른 채로. 머리카락은 말라 있었고, 목욕하러 온 사람이라고 하기엔 조금 애매한 모습.

 더 깊숙한 곳에서 인기척이 느껴져 코너를 돌자, 껴안고 있는 두 남자를 발견했다. 두 사람은 언제부터 여기에 있었던 걸까. 품위를 해치는 현장을 들킨 두 사람은 동시에 나를 쳐다봤다. 그 짧은 순간 아는 척을 할지 말지 고민했다. 평소 내 성격이었으면 "뭐 하세요?"라고 말했겠지만…. 당황한 척하지 않고 당황한 미소만 띤 채 뒤돌아 나갔다.

 '여기는 뭐 하는 곳이지?' 호기심이 발동해 매트를 하나 챙겨 구석의 빈자리에 누웠다. 조금 후에 아까 혼자 앉아 생각에 잠겨있던 남자가 내 옆으로 다가오는 게 느껴졌다. 심장이 빨리 뛰었다. 그가 천천히 내 손을 잡고 가슴을 더듬을 때, 그의 허리춤을 가리고 있던 수건이 텐트를 치는 게 보였다. 누워서 낮은 천장만 바라봤다. 시간이 아주 천천히 흐르는 것 같았다. 얼마쯤 지났을까. 혼자 열심히 목욕하던 식스팩을 가진 남자가 우리 옆으로 왔다. 정신을 차리고 보니 셋이 나란히 누워 있었다. 그러자 '로댕'은 나를 향한 호기심을 접고 '식스팩'을 더듬기 시작했다. '셋이 같이 즐길 순 없었을까?'라는 생각에 미치기도 전에 뻘쭘해진 나는 그 자리를 떠났다.

내가 자리를 뜬 뒤로도 수많은 남자들이 눈빛 교환을 하고, 몸을 씻고, 수면실에 올라가고, 다시 몸을 씻고, 새로운 남자를 찾기를 반복하고 있었다. 짧은 시간에 내가 경험한 이곳의 룰이었다.

모든 걸 알고 있는 듯한 카운터 아저씨, 사우나에서 누군가를 기다리는 듯 혼자 땀을 빼고 있는 뚱뚱한 백인, 복근을 드러내고 구석구석 때를 밀고 있는 남자. 있는 듯 없는 듯 존재하면서 모든 걸 지켜보는 것 같은 더 늙은 남자. 나는 포르노그래피 세상에 떨어진 것만 같았다. 이 생태계는 언제부터 이어져 온 걸까.

앤드류 안 감독의 영화 〈스파 나이트〉엔 이런 공중목욕탕의 풍경이 고스란히 담겨있다. 주인공인 한국계 미국인 10대 소년 '데이빗'은 어려워진 가계를 도우려고 한국식 목욕탕에서 일자리를 얻는다. 거기서 목욕탕 안 게이들의 섹스 세계를 발견하고, 그는 두려움과 동시에 묘한 흥분을 느낀다. 영화는 이민 1세대 부모의 애환과 2세대 자녀의 심리적 중압감 그리고 미국 이민 사회와 성과 계급 문제를 섬세하게 그린다.

데이빗이 목욕탕에서 겪은 경험은 자신의 내면과 성 정체성을 탐구하게 되는 중요한 계기가 된다. 해소되지 않았던 불안한 감정이 끝내 폭발하면서, 미국 문화 속 이질적인 공간인 한국식 목욕탕은 데이빗에게 성장의 장소이기도 하다.

쇠퇴하는 남성 목욕탕이 자연스럽게 지역 게이들에게 점령당하고 게이 섹스의 공간이 되는 건, 지금도 세계 곳곳에서 벌어지는 일이다. 적어도 수천 년간 상호 동의하에 프리섹스가 가능한, 인류 역사상 가장 오래된 성 해방구가 바로 공중목욕탕이었을 것이다.

공중목욕탕은 단순히 목욕하는 곳으로만 규정되지 않는다. 성별로 구별된 금기의 공간이자, 공공장소이면서 동시에 가장 은밀한 곳이기 때문이다(여자목욕탕은 다섯 살 이후 안 가봐서 어떤 세계인지 모른다).

왜 어렸을 때 목욕탕이 뭔가 불편하고 어색했는지 떠올려봤다. 본능적으로 나는 유년 시절 아빠와 함께 갔을 때도, 2차 성징이 한창이던 사춘기에 친구들과 갔을 때도 목욕탕을 그저 목욕하는 공간으로만 받아들일 수 없었다. 목욕탕은 '다른 남자 몸으로 향하는 시선을 들키면 어떡하지?', '세신을 받다 발기되면 어떡하지?' 같은 두려움이 드는 공간인 한편, 내가 남성에게 끌리는 정신과 신체를 가진 게이라는 걸 선명하게 자각했던 공간이었다. 그래서 감히 세신 받아볼 용기를 내지 못했다. 맘에 안 드는 남자에게 내 몸을 맡기는 것 이상의 수치스러운 경험으로 남게 될까 봐.

물론 목욕탕에선 목욕을 즐기는 일이 첫 번째다. 어느덧 내 몸에 대한 부끄러움도 거의 사라지고 여유가 생긴 건지, 예전의 목욕탕이 그리울 때가 있다.

때로는 이름난 목욕탕을 가려면 지방까지 가야 하는 일이 생긴다. 예로부터 물 좋기로 유명했던 한 도시엔 100년의 역사를 간직한 호텔과, 그보다 오래된 온천 목욕탕이 있었다.

문득 나는 그곳에서 그동안 한 번도 받지 못했던 세신, 즉 때밀이를 받고 싶어졌다. 목욕탕의 안내판엔 영어와 중국어, 일본어로 세신이란 무엇인지 친절하게 기재돼 있었다. 기억하기론, 젊은 모 유명 남성 정치인이 이 호텔에서 접대를 받은 사실이 폭로돼 한동안 시끄러웠다. 그게 사실이라면 아마 그도 이 목욕탕에 왔을 것이고, 어쩌면 같은 세신대에서 세신을 받았을 것이다. 목욕탕에서는 호모섹슈얼이든 헤테로섹슈얼이든, 좌파든 우파든 나체 상태로 가장 평등에 가까워진다. 저마다의 방식으로 깨끗하게 몸을 씻고, 사우나에서 땀을 뺀다.

노이즈 마케팅 효과인지 나는 이곳이 더 매력적으로 느껴졌다. 특히 오랜 시간 이어져 온 세신 서비스가 기대됐다. 복싱 선수처럼 다부진 몸을 가지고 있는 세신사는, 이곳이 고향인 친구의 말에 따르면 자신이 고등학생이던 20년 전부터 세신사로 근무하고 있다고 했다.

"피부가 연약해서 따끔따끔할 거예요." 세신사가 내게 말했다. 명색이 망해가는 호텔 온천이라도 3만 원짜리 '건강 세신'은 특별한 전통이 있는 듯했다. 우선, 부드러운 수건으로 앞뒤 양옆 구석구석 때를 민다. 이어, 수건으로 능숙하게 중요 부위를 가린 다음 순조롭게 마사지를 한다. 세신사가 등뼈 사이사이를 하나하나 지압할 땐, 온몸에 피가

도는 듯 짜릿했다. 마지막 순서로 발끝부터 머리카락까지 비누칠을 해주는 그의 부드러운 손길이 나쁘지 않았다.

중간중간 내가 엎드려 다리를 벌린 자세에서 사타구니 안쪽으로 그의 손이 들어올 때는 눈에 힘을 주어 질끈 감기도 했다. 그러나 발기하는 일은 일어나지 않았다. 자세를 바꾸다 침대와 성기가 스칠 때, 누워서 천장을 바라볼 때 잠깐은 민망했어도 세신에 집중했다. 상상 속으로 애국가를 부르는 일도 없었다. 설령 공공장소에서 발기한다고 해도 그다지 수치스럽진 않았을 거다. 물론 자랑스러울 일도 아니지만.

100년 역사의 목욕탕은 내가 다녀온 지 얼마 안 돼 폐업했다. 우리나라는 유서 깊은 건축물이거나 말거나 당장에 경제적 가치가 사라졌다고 판단되면 흔적도 없이 부숴버리기 때문에 사라지기 전에 경험해야 한다. 역사를 간직한 호텔이나 전통 있는 목욕탕도 그 명맥을 유지하기 어려운 세상이고, 20년 경력의 프로 세신사를 만나기란 더더욱 어렵다.

시간이 흘러 나도 목욕탕의 풍경도 많이 변했고, 이제는 이 모든 경험이 소중하다는 것을 안다. 무엇보다도 목욕탕은 남자친구와 데이트할 수 있는 좋은 장소라는 생각이 들면서… 같이 세신 받고 시원한 식혜를 마시며 하루의 피로를 풀고 수다도 떨고 싶다는 바람을 품게 된 나는, 수줍던 과거의 나와 많이 달라졌다. 따뜻하고 흥미로운 공간인 목욕탕에 갈 수 있을 때 자주 가야지. 목욕탕의 추억은 목욕탕과 함께 사라지고, 또 새롭게 쓰이고 있다.

때로는 식물을
돌보는 마음으로

기상 관측 이래 가장 무더웠던 해로 기록된 그해 여름, 낭만적으로 이야기하면 '청춘'이라고 부를 수 있는 객관적 마지노선의 해였다. 하는 일도 하고 싶은 일도 딱히 없던, 만사가 따분하고 몸만 건강했던 시기였다. 가진 거라곤 애매한 스펙과 어중간한 경력, 모아둔 돈 없는 통장, 약간의 관종기뿐이었다. 게다가 뻔뻔하게 시작한 동거 3년 차에 다시 부모님 집으로 들어갈 수도 없는 서른을 코앞에 두고 있었다.

어느 청춘 드라마 속 캐릭터 같다고 웃으며 넘길 수도 있지만, 왜 20대 후반엔 높은 확률로 슬럼프가 계절처럼 찾아오는 걸까? 인생의 뻔한 패턴 같은 것인지 도무지 알 수 없다. 예상치 못했던 첫 번째 퇴사와 인생의 두 번째 인도 여행을 마치고 돌아온 그해 봄. 피부도 멋들어지게 태우고 문신도 하고 이것저것 다 해보며 그야말로 20대의 마지막처럼 재밌게 살아보고 싶었지만 놀랍게도 그 이상의 흥미로운 일 따위는 벌어지지 않았다.

하필 그때 눈에 들어온 게 서대문구청에서 진행하는 '상자 텃밭' 분양 공고였다.

"그래, 바로 이거야. 진정한 에코 게이로 거듭나기 위해 텃밭이라도 가꿔보자."

그렇게 나는 가로 50센티미터짜리 진초록 상자 텃밭을 구청에서 분양받아 귀가했다. 백수로 지내다 보니 집안 살림에 도움 되는 뭔가를 가지고 들어온 게 오랜만이라 설레었다. 줄곧 집에서 이것저것 밖으로 빼내고만 있었으니까. 이를테면 소주, 맥주 공병이나 중고로 팔 수 있는 모든 물건들, 저금통 속의 동전들까지 몽땅.

상자 텃밭은 세대당 한 개만 지급돼서 남자친구의 명의까지 빌려 두 개를 얻었다. 내가 살던 집은 원룸이지만 주택법상 다가구 주택이라 '어쩔 수 없이' 각자 세대주로 등록되었기에 가능한 일이었다. 구청에서 배송은 해주지 않아 직접 구청 주차장까지 가서 텃밭을 받았다. 차가 없는 나는 이케아 핸드카를 끌고 홍제천을 따라 구청을 왕복했다. 인터넷으로 미리 상토 50리터를 주문해뒀고 다이소에서 산 씨앗이 있으니 이제 모든 준비는 끝! 오이, 토마토, 바질, 상추, 청경채 씨앗과 싸구려 원예용품이 좁은 원룸 베란다를 가득 채웠다.

나는 뭔가에 대해 잘 알고 싶으면 그것에 대해 아주 오랫동안 지켜보는 편이다. 그러나 인생엔 아무리 들여다봐도 알 수 없는 일투성이다. 운이 좋은 일, 억울한 일, 슬픈 일, 오해한 일을 겪어도 도대체 '행복한 삶'이란 무엇인지 명확하게 정의 내리기 어렵다. 행복해지고는 싶은데 돈도 없고 하고 싶은 일도 딱히 없으니까, 신뢰하는 모 점성술사에게 상담했을 때 들은 "행복해지기 위해선 우울함과 심심함을 구별하세요."라는 말을 믿고, 우울이 스멀스멀 도질 땐 얼른 재밌는 일을 찾는 수밖에 없었다.
어설프게나마 삶의 모양은 잡혀있는 것 같은데 내면이

공허할 때가 있다. 돈이나 연애로는 결코 채워질 수 없는 것, 자존감이라고 부르는 내 안에 있는 그것. 내 허한 마음을 채워준 게 식물 돌보기였다.

씨앗이 발아하는 것부터 자라는 과정을 지켜보는 건 남들이 출근해서 돈을 벌고 있을 때 살림과 더불어 유일하게 내가 할 수 있는 일이었다. 내가 심은 씨앗들은 약속한 듯 같은 시기에 싹을 틔우고 일정한 속도로 성장했다.

남자친구가 출근을 하면 나는 무덥게 달궈진 건물 꼭대기 집에 머물면서 '낮의 일'이라는 게 있다고 생각했다. 해가 떠있을 때 비로소 할 수 있는 일, 예를 들어 은행에 가서 볼일을 보거나 병원에 가는 일, 회사에 출근하는 일. 사회의 기준에서 '정상'에 가까운 일들은 보통 해가 떠있는 낮의 일들이었다. 낮의 일이라면 식물 돌보기도 마찬가지로, 더 빨리 성장시키려고 야근이나 안 되는 노력을 미리 할 수는 없는 노릇이었다. 그래서 나는 텃밭 가꾸기가 좋았다. 이것이 농사꾼의 마음일까. 나도 낮의 생활을 추구하는 사람이 되어 해가 떠있을 때 식물들의 표정을 살피는 일이 주는 자부심을 간직하고 싶었다.

고요한 밤에게는 미안한 일이지만 낮의 일은 어둠 밑에서 사랑을 나누는 일, 비밀을 속삭이는 일, 남을 속이는 일이 아닌 게 분명했다.

이상한 이야기 같겠지만, 뜨거워진 정수리를 어루만지면서 폭염이라 다행이라고 여겼다. 기후위기가 얼마나 심각한지와 별개로 도심 빌딩 숲속의 상자 텃밭 속 식물들이 성장하는 데 찌는 듯한 더위만큼 효과적인 것도 없어서다. 꼭대기 층의 우리 집은 태양열을 있는 대로 받아서 24시간 에어컨을 가동해도 실내 온도가 28도 밑으로 내려갈 기미를 보이지 않았다. 베란다는 작은 온실이 되어 작물들은 보란 듯 무성하게 성장했다.

2평 남짓한 베란다가 식물로 뒤덮인 건 1년 중 해가 가장 길어진 하지 즈음이었는데, 오이 줄기들이 온 벽을 타고 자라는 바람에 계절이 바뀌기 전까지 베란다 덧창을 닫지 못했다. 시원한 바깥바람을 쐬고 성장한 작물들은 부지런히 꽃을 피우고 알알이 결실을 선사했다. 그리고 나는 그것을 수확해서 맛있게 먹었다.

누군가 식물 돌보는 일의 매력이 뭐냐고 묻는다면, 나는 이렇게 대답하고 싶다. "이 세상에서 내 마음대로 할 수 있는 몇 안 되는 일이라서요."

씨앗에서부터 식물을 길러본 사람은 안다. 얼마나 진심으로 무탈하게 성장하기를 기도하는지. 그건 동물이든 식물이든 자기 자신이든 뭔가를 잘 돌보고 싶은 마음이다.

지금도 우리 집엔 다양한 모양의 화분들이 있다. 침대에 누웠을 때 베란다로 보이는 제멋대로 자란 식물들이 달빛에 비쳐 커튼에 드리운 그림자가 나는 좋다. 마치 나를 조용히 응원하며 관찰하는 듯하다.

고요한 밤에게는 미안한 일이지만
낮의 일은 어둠 밑에서 사랑을 나누는 일,
비밀을 속삭이는 일,
남을 속이는 일이 아닌 게 분명했다.

2

여전히
당신들의 팬이야

내 인생의 아이돌은 핑클(Fin.K.L)이다.

4인조 걸그룹 핑클은 1998년 5월, R&B 발라드〈블루 레인〉으로 세상에 데뷔했다. 이세이 미야케 정장을 입고 패기 넘치는 라이브 실력을 뽐내며 대중 앞에 등장한 네 명의 멤버. 아무리 장마철 촉촉한 감성에 어필했다고는 해도, 여성 아이돌에게 발라드는 무리수였을까. 그 당시 라이벌 관계였던 S.E.S.의 데뷔곡〈아임 유어 걸〉이 음악 방송 차트를 단숨에 석권한 것에 비하면 출발은 초라했다.

몹시 고전하다가, 카세트테이프의 '사이드 B'처럼 그해 여름에 발표한 후속곡〈내 남자친구에게〉활동에서 역전의 기회를 잡았다. 지금도 입가에 맴도는 첫 소절로 남성들의 마음을 단번에 사로잡은 핑클은 이듬해 대망의 2집 타이틀곡 〈영원한 사랑〉으로 10대, 20대 남성들의 순수하고 깨끗한 첫사랑 판타지를 완성했다.

90년대 후반부터 시작된 케이팝 1세대 아이돌 역사에서 핑클의 성공은 결코 우연으로 치부할 수 없다. 라이벌 S.E.S.가 자신의 사랑과 커리어에 당당한 이상적인 여성상을 제시했다면, 핑클은 예쁘고 매력 있는 현실적인 여자친구처럼 대중에게 다가갔다. 핑클이 4인 4색 각기 다른 매력과 장점을 내세운 전략은 이후 소녀시대, 블랙핑크 등 각 세대를 대표하는 걸그룹의 흥행 공식을 만들었다고 해도 과언이 아니다.

핑클의 최고 전성기였던 1999년 여름, 초등학생이던 나는 애석하게도 TV 리모컨 서열에서 집안의 맨 마지막이었다. 게다가 H.O.T.부터 S.E.S., 신화를 줄줄이 좋아하는 이른바 'SM파'이자, 핑클의 안티였던 누나들 틈에서 힘들게 버티는 중이었다. 그때 속으로 다짐했다. 나 혼자 지하철을 타는 날이 오면 내 두 눈으로 핑클 멤버들을 보고야 말리라.

몇 달 뒤, 새천년이 되고 인터넷이라는 발명품이 우리 집에 도입된 뒤로 새로운 세계가 열렸다. 내가 가장 먼저 한 일은 천리안, 하이텔 등 PC통신을 넘나들며 핑클 팬클럽에 가입하기였다. 그곳에선 전국 방방곡곡에 있는 핑클 팬들과 사귀고 대화를 나눌 수 있었다. 나는 거대한 정보의 바다에서 핑클 누나들을 현실에서 직접 볼 수 있는 고급 정보를 얻는 데 성공했다.

서울이라는 같은 도시에 살고 있으니 당연한 사실이었지만, 핑클 멤버들은 내가 사는 곳에서 의외로 멀리 있지 않은 곳에 있었다. 우리 동네에서 지하철을 타고 30분만 가면 누나들을 볼 수 있었다.

멤버들은 모두 약속이라도 한 듯이 강남구와 그 근처에 살았는데, 명절이나 소풍이 아니고서야 고향인 영등포구를 벗어난 적이 별로 없던 나는 그때 처음 지하철 3호선을 타고 압구정동이란 동네에 가게 됐다. 깨끗하고 넓은 인도, 계획적으로 구획된 주거와 상업 구역, 각종 성형외과 광고와 병원 간판들 그리고 그 길을 걷는 어딘가 세련

돼 보이는 사람들의 모습이 어린 내 눈에도 다소 낯설게 느껴졌다.

다른 지역 사람들이 서울에 와서 느끼는 이질적인 감정이 이런 것일까. 흔히 '서울 구경'이라고 말할 때, 구경하는 대상으로서의 서울. "서울에선 길 가다가 연예인 볼 수 있어?"라고 할 때의 그 서울. 내가 사는 서울이긴 하지만 그동안 알고 있던 모습과는 또 다른 서울. 어쨌든 그곳에선 누나들을 만날 수 있었다.

네 명의 멤버 중 가장 만나기 어려운 건 단연 리더였던 효리 누나였다. 당시 방배동에 있던 효리 누나 집에 찾아가면 주로 산책 중이신 효리 누나의 아버지가 우리를 맞아주셨다. "효리 누나 집에 있어요?"라고 물으면, "어제 술 마시고 늦게 들어와서 자고 있어. 곧 나올 거야"라고 알려주셨다. 그런데 한참을 기다려도 누나가 나오지 않았다. 누나 만나기를 포기하고 집에 쓸쓸히 돌아가면서 '팬들을 피해 몰래 집을 빠져나간 건 아닐까?' 하는 망상을 하곤 했다. 내가 TV로 알던 효리 누나라면 충분히 그럴 것 같았다.

반면 핑클 안에서도 조신한 이미지였던 유리 누나와 진

이 누나는 만나기 가장 수월했다. 두 사람 다 독실한 기독교 신자였기 때문에 매주 일요일 오후 예배 시간에 맞춰 가면 쉽게 볼 수 있었다. 두 사람이 살던 집의 위치도 꽤 가까워서 한가로운 일요일에 두 사람에게 사인을 받기란 반나절이면 충분했다. 80년대에 지어진 아파트라 그런지 지하 주차장이 없었기에 양지바른 놀이터 그네에 앉아 기다리면 오후 12시 즈음해서 승용차를 타려고 아파트 현관을 나오는 누나들과 마주쳤다.

"누나, 점심 맛있게 먹었어요?"라고 물으면 누나들은 "응, 먹었어~"라고 고분고분 예쁜 목소리로 대답해줬다. 비록 짧은 순간이었지만 사인을 받고 집으로 돌아가는 길엔 그 어떤 선물을 받은 것보다 기뻤다. 누나들은 신실하게 교회에 갔고, 종교가 없는 나는 부지런히 누나들을 보러 갔다. 그때 핑클은 내게 종교와도 같았다.

주현 누나는 마치 게임의 최종 보스처럼 포스가 넘치고 독보적이었다. 그녀의 집에 갈 때면 왠지 모르게 혼나러 가는 기분이 들곤 했다. 실제로 만났을 때도 TV에서 봤던 대장부 성격 그대로였으니까. 당시 MBC 라디오〈별이 빛나는 밤에〉의 DJ였던 누나가 방송을 마치고 집에 도착하는 시간은 자정 무렵이었는데, 방송국이 있던 여의도에서 밴을 타고 20분이면 역삼동에 도착했다. 퇴근하는 자식을 기다리는 주현 누나의 어머님이 늘 아파트 현관으로 마중을 나오셨고, 추운 겨울엔 팬들에게 따뜻한 차를 내어주시거나 간식을 사 먹으라고 용돈도 주시곤 했다.

한번은 우리가 누나보다 늦은 타이밍에 집에 도착한 적이 있었는데, 어머니께서 주차장을 서성이는 우리의 모습을 보고 "올라와서 사인 받고 가"라며 다정하게 말을 건네셨다. 그때 올라가지 말았어야 했는데, 우리는 엉겁결에 어머니와 엘리베이터를 타고 현관문 뒤에서 기다렸다.

나와 친구가 쭈뼛거리며 밖에 서있는 찰나, 집 안 깊숙한 곳에서부터 누나의 목소리가 아파트 계단을 쩌렁쩌렁하게 울렸다. "피곤하다고 했잖아!" 뮤지컬 〈레베카〉 속 댄버스 부인의 또렷한 발성으로, 쉬고 싶은데 왜 그러냐고 어머니에게 투정을 부렸다. 20여 년이 지났는데도 그 목소리는 어제처럼 생생하게 귓가에 맴돈다. 역시 명색이 핑클의 리드 보컬이자 훗날 뮤지컬 배우로 대성할 목소리였다. 그래도 막상 사인을 해줄 땐 "이렇게 집에 찾아오는 거 싫어. 다음부턴 오지 마"라고 딱 부러지게 의사 표현을 하면서도, 내 이름을 기억해 늘 성의 있게 사인을 해주면서 이름 옆에 하트를 그려주는 것도 잊지 않았다.

아무래도 내 뻔뻔함은 핑클 덕질을 하면서 터득한 삶의 기술인 듯하다. 영등포구에 사는 장점 중 하나는 KBS, MBC 등 방송국과 가깝다는 점이었는데, 고등학교를 갓 졸업했을 땐 제법 성인 티가 난다고 생각해 방송국 스태프인 척 연기하면서 KBS〈뮤직뱅크〉무대 바로 옆까지 드나들곤 했다. 공사장 조끼를 입은 남성은 전 세계 어디든 출입 가능하다는 인터넷 밈처럼, 그것의 작동 방식을 일찍이 이해하고 있던 나는 적극적으로 실천에 옮겼다. 아이돌 팬은 90퍼센트 이상이 여성이기에, 남성인 나는 경호원들 눈에는 그저 방송국이나 연예기획사의 스태프로 보일 뿐이었다.

2008년 여름, 한창 효리 누나가〈유고걸〉로 활동하며 제2의 전성기를 누리던 당시에는 그녀를 만나려고 MBC〈음악중심〉을 녹화하는 일산 MBC 스튜디오 대기실 앞까지 찾아갔다.

대기실 앞에서 알짱대는 나와 친구들을 본 효리 누나는

진짜 징글징글하다는 말투로 "너네는 어떻게 여기까지 쫓아오니?"라는 말을 내뱉었다. 그 눈빛이 너무나 살벌해서 (그녀는 실제로 만나면 포스가 엄청나다) '이제 좋아하는 가수한테 찍히고 팬클럽 활동도 끝이구나…'라고 체념할 정도였다. 오죽하면 매니저들도 "너희 방송국에 지분 있냐?"라며 혀를 내둘렀다.

  누나들이 솔로 활동을 시작한 뒤, 공들여 준비한 새 앨범 무대에 오르는 날이면 나는 SBS〈인기가요〉방청을 하려고 새벽 일찍 등촌동 공개홀에 가곤 했다. 긴 시간을 방청석에 앉아있어도 긴장감은 좀체 잦아들지 않았다.

  5분 남짓한 컴백 무대에 서는 가수를 위해 팬들은 형형색색의 응원도구를 들고 목청이 터지게 응원한다. 생방송 무대에 선 가수들의 긴장된 표정, 화려한 조명이 감싸는 방송국의 뿌연 공기, 팬들의 응원 열기 그리고 몇 주 뒤 결국 1위를 했을 때의 감동과 눈물까지. 첫 방송 무대부터 차곡차곡 시간을 쌓아온 가수와 팬은 그야말로 혼연일체가 된다. 그렇게 가수는 팬들의 사랑을 먹고 자라고, 팬들은 가수와의 희로애락을 추억으로 간직한다.

종종 친구들과 10대 때를 돌이키다가, '그때 무엇을 그 토록 좋아했나?' 서로 묻곤 한다. 확실한 건 나는 공부보다는 아이돌을 좋아하는 게 재밌었다. 먼발치의 누군가를 좋아하면서도 그와 용기를 주고받을 수 있음을 알았다. 학원에서 시험공부한 일들은 잘 기억나지 않는데, 핑클을 좋아하고 따라다녔던 추억들은 유독 해상도가 높다.

하지만 평생 이어질 것만 같던 그런 일상도 정확히 10대까지만이었다. 대학에 가고, 입대를 하고, 학업과 취업에 열중하는 사이 언제 그랬냐는 듯 핑클은 관심에서 멀어졌다. 소녀시대, 원더걸스, 카라 등 내 또래의 케이팝 2세대 걸그룹이 데뷔했다. 남자애들은 더 어리고 사랑스러운 아이돌을 좋아했다. 누나들도 더 이상 핑클이란 이름을 드러내지 않았고 각자의 방송 활동을 이어갔다. 그렇게 핑클은 점차 자료화면에서 만나볼 수 있는 추억의 아이돌이 됐다.

그로부터 10년쯤 흐른 2019년에 JTBC의 예능 프로그램 〈캠핑클럽〉에서 네 명의 멤버가 다시 뭉친다는 반가운 소식을 들었다. 1998년 봄 〈블루레인〉으로 데뷔한 그날로부터 어느덧 20년의 세월을 보낸 네 사람이 캠핑카를 타고 전국 방방곡곡을 다니며 캠핑을 하는 콘셉트의 프로그램이었다.

같은 옷을 입고 춤추고 노래하던 소녀들에서 각기 다른 삶을 사는 어른이 된 네 명의 모습을 보니 괜히 뭉클했다. 누나들이 그때 그 시절의 음악을 회상하며 지난 추억과 기약할 수 없는 미래에 대한 아쉬움을 나누며 울고 웃는 모습을 TV로 지켜보는 내내 만감이 교차했다. 10대 시절 우상에 머무르지 않고 지금도 멋지게 각자의 삶을 꾸려나가고 있기 때문이었다. 나 역시 잠시나마 그녀들과 추억 여행을 하며 과거로 돌아간 것 같은 기분이었다.

프로그램의 마지막 화는 오랜 팬들을 초청해 1박 2일 캠핑을 하고 작은 콘서트를 여는 것으로 마무리됐다. 팬들을 향한 고마움과 멤버들 간의 우정을 직접 가사에 담아〈남아있는 노래처럼〉이라는 음원도 발표했다.

우리가 좋아했던 소녀 소년들의 전성기는 청춘처럼 짧지만, 그때의 감정을 간직한 우리가 그들을 기억하는 한 그들은 영원히 산다. 남아있는 노래를 들으면 처음 그 음악을 들었던 순간으로 리와인드 되고, 그토록 사랑했던 추억도

서랍 속의 동화가 된다. 과거의 무엇이 나를 그렇게 열광하게 만들었는지는 딱 잘라 설명할 수 없지만 누군가의 팬이 되어본 사람이라면 공감할 것이다. 인생의 순수한 열정을 바친 팬들은 아이돌이라는 이름의 노스탤지어를 가지고 살아간다는 것을.

이제는 각자의 자리에서 빛을 내고 있는 그들에게 수많은 팬의 한 명으로 꼭 수줍게 전하고 싶다. 당신들의 팬이어서 행복하고 고마웠다고. 나의 영원한 아이돌 핑클, 나는 여전히 당신들의 팬이다.

정규직은 천국에 가지만
비정규직은 어디든 간다

　직장 동료였던 그녀를 보면 온라인에서 봤던 밈이 떠올랐다. 차분한 스타일의 여성들이 실제로는 멘탈이 세고, 문신을 하고 진하게 화장한 소위 '나쁜 여자'들이 사실은 유리 멘탈이라는 사실을 증명해준 사람이었으니까.

　사내 디자인 업무를 담당하는 그녀는 화려한 패턴의 구제 셔츠나 원피스를 즐겨 입고, 드러나는 팔과 다리 군데군데 다양한 색깔의 과일과 꽃 모양 타투가 있었다. 나중에야 알았는데 그녀의 부업은 타투이스트라고 했다. 그녀는 내가 그동안 다녔었던 직장에서는 좀처럼 만나보기 힘든 스타일이었고, 나 역시 남자라면 살면서 한 번쯤 겪는다는

'장발병'에 걸려 머리를 기르고 있을 때라 우리 둘은 이 회사에 적응하고 싶은 마음이 없는 아싸처럼 보였다.

억지로 참석했던 첫 회식 자리에서 그녀가 대뜸 내게 물었다. "규환 씨, ○○대학교 다니셨죠?"

혹시 내 뒷조사라도 한 건가? 그게 아니라면 내 얼굴만 보고 학교를 알아맞히다니…. 내심 놀라웠지만 내색하지 않았다. "풍물 동아리 하셨죠? 그럼, ×××라고 아세요?" 그 뒤로도 줄곧 나와 공통점을 찾으려고 애쓰는 그녀의 모습. 내 세계의 틈 사이로 비집고 들어오려는 그녀에게 나는 방어적인 태도로 일관했다. "하하… 들어본 것 같은데… 하하하… 사회생활 하다 보면 건너건너 아는 경우, 흔한 일 아닌가요?"

지금에서야 나는 내적 친밀함을 고백하는 그런 접근법이 그녀의 MBTI인 INFP에 지극히 걸맞은 방식이었음을 납득하지만, INTJ 로봇인 나는 예상하지 못한 시나리오에 도무지 어떻게 반응해야 할지 몰랐다. 연달아 이어지는 관심 공격에, 애정 없는 직장에서 만난 동료에게 과연 어디까지 나를 드러내고 가까워질 수 있을까 고민이 들기 시작했다.

그런데 문득 인생의 자잘한 우연이 자꾸 포개진 이 사람과는 가까워질 수밖에 없겠다는 예감이 들었다.

  나는 이 직장에서 일하기 전, 영화사에서 마케터로 일하다 회사 사정이 어려워져 일을 그만두고 2년을 쉬었다. 엄밀히 말하면 그냥 쉰 건 아니었다. '할 수 있는 모든 아르바이트를 경험해보자'는 마음가짐의 프리터족으로 살면서 내게 맞는 다른 진로를 모색했다.

  새로운 분야의 일을 시작해야겠다는 결심이 섰을 때, 슬프게도 가장 먼저 떠오른 생각은 '일과 사람에 큰 기대는 말자'라는 일종의 체념 섞인 단념이었다. 계약직으로 들어온 이 회사에서의 날들도 영원하지 않을 것임을 알기에, 낯선 사람에게 굳이 나를 드러내거나 이해를 요구하지 않는 게 평탄한 직장 생활을 위한 미덕이라 여겼다.

  그때의 나는 거의 사회 부적응자나 다름없었다. 안정된 직장과 결혼, 재테크가 주된 관심사인 또래 직장인들 사이에 있으면 마음속 어딘가가 콱 막힌 듯해 도저히 참을 수가 없었다. 사람들의 말에 하하호호 맞장구를 치며 들러리가 되기엔 이미 되바라질 대로 되바라져 있었다. 균일한 모양과 높이의 지붕들 위로 덩그러니 솟아있는 목욕탕 굴뚝 같은 게 나였다. 무척 외로웠지만, 내 존재를 지켜야겠다는 마음이 앞서 외부 세계에 지극히 회의적이었다.

첫 회식 후 6개월 동안 찬찬히 그녀를 관찰했다. 자연스러운 커밍아웃을 위해 〈빅이슈코리아〉에 연재했던 남자친구와의 동거 에세이를 그녀에게 슬쩍 건네고 나서야 내 'TMI'를 오픈할 수 있었다.

사실 개인적인 사정이 있더라도 보통 직장에선 굳이 이야기를 꺼내진 않는다. 오히려 그런 일을 드러내지 않는 게 프로답다고 여기는 게 직장에서의 암묵적인 룰이다. 열심히 취업해서 돈을 벌러 온 곳에서 감정을 드러내는 것은 사치다. 하지만 비밀스럽게 사회생활을 하다가도 종종 누군가에게 속마음을 터놓고 싶은 순간이 있다.

당시 NGO에서 일하던 내 남자친구는 종종 언론사에 성소수자 관련 글을 기고했는데, 그가 쓴 기사가 포털 사이트 뉴스 메인에 노출되곤 했다. 수백 개의 댓글이 순식간에 달렸고 그중 약 90퍼센트 이상은 악플이었다. 내용은 '제발 조용히 좀 살아라'부터 '가스실에 가둬 죽이고 싶다'까지 정체를 모르는 이들로부터 갖가지 차별과 혐오 표현이 난무했다. 그런 일은 살면서 누구도 겪지 않아야 하고, 아무도 익숙해질 일이 아니다.

누구보다 평범하게 살고 있는 그가, 심지어 죄를 짓거나 남들에게 피해를 준 것도 아닌데 왜 그런 말들을 들어야 하는 걸까. 스스로 멘탈이 강하다고 생각한 나조차 기사에 달린 댓글을 주르륵 읽다가 점심시간에 먹은 짜장면이 체하고 말았다. 그때, 그녀가 떠올랐다.

생판 모르는 사람들이 우리를 비난해서 속상하다고 털어놓았더니 어느새 눈가가 붉어진 그녀가 말했다. "그거, 규환 님 잘못 아니니까 상처받지 말아요." 그 평범한 말 한마디가 그날 나를 버티게 했다.

타인에게 벽을 쌓고 그걸 유지하는 데는 오랜 시간이 걸렸지만, 그 벽이 무너지는 건 그리 오래 걸리지 않았다. 그녀는 유난히 가시 돋친 나를, 천천히 그러나 단숨에 무장해제시키는 재주를 지닌 사람이었다. 매 순간 진심이 묻어나는 그녀의 말투나 세상을 바라보는 그녀만의 방식은, 그녀가 언젠가 좋아하는 책이라며 선물해준 시집처럼 부드럽고 다정했다. 그녀는 그녀가 좋아하는 것을 닮아있는 사람이었다. 말하자면, 나와는 참 다른 결의 사람이었고, 그래서 더 오래도록 옆에서 바라보고 싶어지는 사람이었다.

그녀와 한층 친밀감을 쌓으며 직장 생활에 적응하던 와중에, 그녀가 그해 6월 말 계약 만료로 직장을 먼저 떠난다는 소식을 들었다. 아직 계약기간이 12개월이 남은 나는, 우리가 함께 일했던 시간들이 진심으로 즐겁고 행복해서 앞으로 혼자 아웃사이더로 어떻게 버티면 좋을지 까마득한 감정이 밀려들었다.

우리와 비슷한 처지의 비정규직 직원 10명이 다 같이 모여서 떠나는 그녀를 위한 송별회 자리를 마련했다. 광화문 지하 아케이드에 있는 한 고급 베이커리에서 절대 내 돈 주고는 사 먹지 않을 화려한 디저트를 법인카드로 주문하고 삼삼오오 둘러앉았다. 둥글게 마주 앉은 사람들의 남은 계약기간은 짧게는 3개월부터, 길게는 20개월까지 다양했다. 그 사이에 있는 나도 '언젠가 이 쓸쓸한 기분을 맞이하겠지' 하는 자기 연민과 동시에, 정규직이 돼보겠답시고 이들과의 경쟁에서 살아남으려 발버둥 치는 스스로가 초라하게 느껴졌다.

'그래, 이래서 내가 회사 안 다니려고 했잖아.'

그저 별 탈 없는 회사 생활을 바랐을 뿐인데, 어느새 엠넷 오디션 프로그램의 아이돌 연습생이 된 것 같아 자존심 상하고 수치스러웠다.

난데없이 눈물이 흘렀다. 모두가 이런 방식으로 살아가고 있는 현실과 할 수 있는 게 인사뿐인 무기력함 속에서 내 옆자리에 앉은 그녀도 조용히 눈물을 흘리고 있었다.

이 사회는 힘없는 이들의 연대를 갈라놓는다. 비정규직으로 입사한 탓에 정들었던 동료들을 몇 개월 주기로 차례차례 떠나보내야만 한다. 이제는 어디서 무얼 하며 잘 살고 있는지 알 수 없고, 구태여 만나기도 애매한 사이가 되어버린다. 인간은 작별 앞에서 한없이 겸손하고 감사해진다. 그 겸허한 마음을 직장에서 많이 경험했지만, 처음 이곳에 입사했을 때 낯선 사람과 정을 나누지 말자는 회의적인 마음은 온데간데없이 사라지고 또 한 번 나는 상처 주는 사람 없이 상처받는 일이 되풀이하고 있었다.

그럼에도 작은 용기를 낼 수 있는 건, 어디서 무슨 일을 해도 잘 살고 있을 거라는 확신을 갖고 기도하는 일뿐. 이제는 떨어져서 각자의 꿈을 찾더라도 한때 같이했던 서로를 응원하는 마음을 품어본다.

    누구와도 필요 이상 친해지고 싶지 않고, 기대와 상처 따위 주고받고 싶지 않던 내게 좀 더 나를 드러내고 용기를 가질 수 있도록 힘을 불어넣어 주던 그녀. 비록 우리가 정규직으로 만나지 못 했지만 행복한 비정규직으로 결국 자신이 원하는 모습대로 잘 살고 있길 바랐다. 착한 정규직은 정년을 기다리지만, 비정규직은 어디든 갈 수 있으니까.

사랑을
찾아갈 거야

○ ○

무표정에도 표정이 있다고 생각했던 나날이었다. 따뜻한 곳에 가서 혼자 있고 싶다는 생각을 했다. 오랜 생각이었다.

그날 서울 아침엔 눈이 소복하게 내렸다. 창밖은 눈 내리는 소리에 파묻혀 온통 고요하고 적막했다.

전날 저녁엔 무척 소란스러웠다. 종로 3가의 한 치킨집 지하에서는 한국게이인권단체 '친구사이'의 송년회가 한창이었다. 그해 친구사이 대표는 송년회 때 드랙(드랙이라기보다는 여장에 가까운)을 해야 한다는 전통에 따라, 남자친구는 호피 무늬 원피스를 입고 어정쩡한 자세로 춤을 추며 사람들에게 즐거움을 주고 있었다.

나는 대표의 남자친구로서 체면을 세워주기 위해 그를 향한 사랑을 담은 이벤트를 준비했다. 모든 커플 관계가 그렇듯 쇼맨십을 발휘해 케이크를 들고 계단을 내려오는 깜짝 등장을 연출했다. 이 우스꽝스러운 풍경을 바라보며 감동적이라고 눈물을 흘리는 사람도 있었다. 어딜 가든 들뜬 분위기 속에서, 정작 집으로 돌아오는 길엔 왠지 모르게 쓸쓸했다. 올해가 거의 끝나갈수록 종종 울 것 같은 얼굴을 하고 있는 거울 속의 나를 보았다.

긴 여행을 앞두고, 친구들에게 여행 환송 파티 초대장을 보냈다. 난데없는 초대에 응답한 사람은 총 아홉 명.

인파로 북적이는 토요일 점심의 홍대입구역, 넓은 홀이 있는 피자집을 예약했다. 어린 시절 생일 파티 때처럼 주인공인 나를 중심으로 친구들을 오순도순 둘러앉힌 뒤 서로에게 소개시켰다. 친구들은 대부분 서로 처음 보는 사이여서 한동안 어색함과 정적이 흘렀다. 그들 사이에 공통점이라고는 불행인지 행운인지 그저 '정규환의 친구'라는 사실뿐이었다.

채워진 콜라잔의 바닥이 점차 드러날 때쯤 "그럼, 난 이만 가볼게. 비행기 시간 얼마 안 남았네"라며 의자를 박차고 자리를 서둘러 정리했다. '이렇게 두고 그냥 간다고?' 처음의 어색함이 누그러든 친구들의 눈빛이 다시 흔들렸다. "오늘 진짜 내가 쏘고 싶은데, 여행 경비가 모자라서. 미안하지만 나한테 2만 원씩 보내줘. 고마워! 이 뒤론 너희들이 알아서 해. 참, 마지막으로 기념사진이나 찍자."

그렇게 피자집을 나와 처음 보는 행인을 붙잡고 단체 사진 촬영을 공손하게 부탁했다. 주말 홍대 앞의 인파가 카메라와 우리 사이를, 아니면 카메라의 시야를 피해 빙글빙글 돌아가고 있었다.

"다시요, 다시. 눈 감아서요. 저, 진짜 죄송한데, 다시 찍어주시겠어요?"

나는 모두가 두 눈을 뜨고 있을 때까지 몇 번이고 재촬영을 요구했다. 어쩌면 우리가 다시는 못 볼 수도 있겠다 싶었다. 옆에선 친구들이 아우성쳤다. "야! 쪽팔려, 그만해!"

사진 속 친구들은 약속이라도 한 듯 코트든 롱패딩이든 죄 검은색 옷을 입고 있었다. 나는 티셔츠 한 장에 유니클로에서 산 경량 패딩과 나이키의 얇은 바람막이 한 장을 걸치고 어정쩡한 거지존의 머리를 한 채 알 수 없는 표정으로 웃고 있었다. 친구들의 배웅을 받으며 공항으로 가는 발걸음이 한결 가벼워졌다.

등 떠밀며 손 흔들어주는 그들의 얼굴을 되새겼다. 비행기를 타기 전까지의 불안함을 견디고 마침내 찾아오는 자유의 기분은 너무나 중독적이다. 뒤숭숭한 마음은 태평양 공중에 뿌리고 사랑이라는 이름의 용기를 찾아 떠나고 싶었다.

그렇게 나는 영영 돌아오지 않을 사람처럼 떠나왔다. 평생 한 도시에 살면서 이토록 아득한 이별을 겪어본 적은 없었다. 나는 이민 가는 사람처럼 대형 캐리어를 챙겼다. 다사다난했던 20대를 보낸 만큼 그 마지막 날을 뜨겁게 기억하고 싶었다. 남반구의 멜버른으로 떠나면 새해도 몇 시간 더 일찍 맞겠지. 그리고 해변에서 서핑하는 산타클로스와 한여름의 크리스마스도 한 번쯤은 경험하고 싶었다.

남반구의 태양은 뜨거웠다. 크리스마스를 지나 새해가

되자 사람들의 옷차림은 더욱더 가벼워졌다. 멜버른에서 퀴어 퍼레이드가 열리던 날, 나는 빈티지 숍에서 40달러 주고 산 민소매를 입고 외출했다. 오토바이 브랜드 '할리데이비슨' 로고가 그려진 티셔츠였다. 이어폰으로 클래지콰이의 〈Sweety〉를 들으며 광장을 경쾌하게 걸었다. 이리저리 눈을 돌리니 상의를 탈의하거나 옆이 시원하게 파인 옷을 입은 근육질의 게이들이 넘실댔다. 어떤 부스에서 나눠준 무지개 팔찌를 차고 인증샷을 찍었다. 무대에선 화려한 드랙쇼가, 잔디밭에선 반려동물 런웨이 행사가 열리고 있었다. 멜버른에서 만난 친구들과 잔디밭에 자리를 깔고 각자가 준비한 맥주, 와인, 샴페인을 땄다.

여름, 또다시 여름이었다. 그해 7월, 서울에서 퀴어 퍼레이드를 하고 6개월 만에 또 퍼레이드라니. 내 안의 자긍심이 넘치다 못해 질질 새는 것만 같았다. 취기가 오르자 스스로 좀 섹시해진 기분이 들었다. 다만 덩치 큰 백인들 사이에서 왜소해 보이는 나는 마치 투명 인간이 된 것 같았다. 이 기시감은 뭐지? 파리의 게이클럽에 갔을 때 이후로 오랜만에 느끼는 감정이었다. 왜냐하면 그날 아무도 나한테 눈길을 주지 않았으니까… 그래도 자신감을 가지고 무대 앞 인파 속으로 비집고 들어갔다. 〈YMCA〉에 맞춰서 화려한 드랙퀸과 앳된 동양인 여성 백업 댄서가 손을 위아래 사선으로 찌르며 춤을 추고 있었다.

그때 뒤에서 누가 나를 번쩍 들어 올렸다. 'YMCA, 혹시 영 맨…?' 드디어 내게도 들이대는 남자가 나타났구나. 뒤돌아보니 나보다 체구가 약간 작은 레즈비언 부치였다. 다양성이 존중되는 도시라고는 하지만 어쨌든 내게 관심을 주는 사람은 그렇게 다양하진 않았고, 내겐 감사하게도 레즈비언 부치뿐이었다.

괜스레 아쉬움을 뒤로하고 머물던 집 방향으로 발걸음을 돌렸다. 오늘은 트램을 타지 않고 한번 걸어가보기로 했다. 신호등 앞에서 '이쪽, 저쪽?' 잠시 고민하다가, 퀸 빅토리아 마켓이 보이는 큰길을 선택한 참. 한 달 동안 이 도시에 지내면서도 처음 가는 길에서였다. 구글맵이 최단 거리로 안내한 길을 비껴갔지만 언제 이 길을 다시 걸을지 기약은 없기에 '오늘은 길을 잃어도 괜찮아'라고 생각한 찰나,

"어머, 이게 무슨 일이야?"

"너 여기서 뭐 하는 거야?"

"너는 여기 왜 있어?"

신호등 건너편에 익숙한 얼굴이 있었다. 우리는 서로를 보자마자 얼싸안고 인사를 나눴다. 예전에 같은 직장에서 일했던 L이었다. 동갑내기인 그녀는 씩씩하고 활기찬 소년 같은 매력을 가진 사람이었다.

이 신기한 상황에 호들갑을 떠는 우리의 모습을 옆에서 누군가가 카메라로 찍고 있었다. 그녀가 "얘는 내 친동생이고, 여기는 친척 오빠야"라고 소개시켜주려고 하는데, 전혀 귀에 들어오지 않았다. 나는 반가움이라는 감정 그 자체를 온전히 느끼고 싶었다.

나중에 L이 보내온 영상 속에는 멜버른 거리 한복판에서 방방 뛰며 카메라를 향해 손가락 하트를 날리는 내 모습이 찍혀있었다.

"뭐 찍으시는 거예요?"

"추억, 추억, 추억이요."

"아, 추억이요(손가락 하트)?"

그때 어디선가 불어오는 깨끗하고 부드러운 바람이 느껴졌다. 이곳의 남풍은 혹시 남극에서부터 불어오는 것일까. 여행을 하다 보면 종종 여행을 대하는 모순적인 태도가 생긴다. 별 탈 없기를 바라는 마음과 신나는 일들이 일어나기를 바라는 마음 같은 것. 긴 여행을 마치면 나는 다른 사람이 된 듯, 다시 힘을 내 살아보고 싶은 마음이 생겼다. 신촌의 한 점성술사는 언젠가 내게 이런 말을 한 적이 있다. "누구나 인생에 극복할 수 없는 카르마가 있어요. 당신의 카르마는 바로 이 땅에 태어난 거예요."

몇 번의 긴 여행을 하며 신호등 건너편에서, 길모퉁이에서, 기차 건너편 좌석에서 결국 만나야 할 사람들을 만나는 순간마다 내가 살아있음을 느꼈다. 내일 무슨 일이 일어날지 모른다는 기대는 로또 당첨처럼 거창한 게 아니다. 길을 걷다 아는 사람을 마주치듯 매일 자잘한 기쁨을 만나고, 그 순간만으로도 삶은 살아갈 가치가 있는 것처럼 보인다. 하루하루 불안이 찾아올 때마다 뚜벅뚜벅 나를 향해 걸어오는 행운을 가끔 상상하곤 했다.

그냥 헤어지기 아쉬웠던 우리는 멜버른 도심 안에서 가장 힙하다는 바를 갔다. 용기가 없어 혼자서는 못 갔던 곳에서 연거푸 맥주와 칵테일을 마시고, 어두운 조명 아래 DJ가 트는 낯선 음악에 몸을 맡기며 우리가 이렇게 만날 확률이 얼마나 될지 신기하다는 말을 나누는 사이 어느덧 하루가 지나가고 있었다.

나는 내 삶의 증표들을 수집하기 위해서 이렇게 멀리 날아왔고, 사실 어떤 소동이라도 기꺼이 받아들일 준비가 되어있었다. '이쪽? 저쪽?' 길 하나를 선택하는 것처럼 사소한 선택이 모여 새로운 터닝포인트가 될 수도 있다는 걸 마주한 그 순간, "모두 다 사랑을 찾아갈 거야"●라는 노랫말을 되뇌었다.

● 권나무, 〈사랑을 찾아갈 거야〉, 2019

하루하루 불안이 찾아올 때마다
뚜벅뚜벅 나를 향해 걸어오는 행운을
상상하곤 한다.

때로는 잘못 탄 기차가
우리를 목적지로 인도한다

♢ ♢

영화 〈대도시의 사랑법〉을 보고 민희에게 메시지를 보냈다. "그 영화 봤어? 우리 대학교 때 생각난다."

대학 졸업 후 고향에 내려가 취직한 그녀에게 대뜸 "너한테 게이 친구란 어떤 의미였어?"라고 물었다.

"뭐랄까, 나를 나일 수 있게 하는 변하지 않는 친구?"

대답이 영화 대사 같다는 생각을 하고 있었는데, 그녀는 이어서 몇 자를 더 적어왔다. "아무래도 비슷한 인생을 사는 동성 친구들하고는 언젠가부터 대화 주제로 시댁, 육아 이야기를 하게 돼. 그런데 오빠랑 있을 때는 나 자신에 대해 이야기하고 있더라. 그런 게 좋아."

민희는 지금의 예비 남편을 만나기 시작했을 때도 '게이 친구 이해 가능 여부'가 교제 결정의 중대한 요인이었다고 밝힌 적 있다. 그와 사귀자마자 게이 친구인 나의 존재를 알렸고, 신혼집으로 초대해 서로를 인사시키기도 했다.

우리의 우정이 빛을 발했던 건, 대학생 시절 배낭여행을 함께 떠났을 때였다. 여행지는 여행 레벨이 높은 나라 중 하나로 꼽히는 인도였다. 뭐가 그렇게 마음에 들었는지 인도에 두 번이나 가서 네 달 동안 붙어 다녔다. 같은 방을 쓰며 절약한 돈으로는 맥주를 한 잔 더 마셨다. 민희가 원하는 건 안전하고 즐거운 여행이었고, 내가 원하는 건 인스타그램에 올릴 근사한 사진이었다.

인도 동남부의 대도시 첸나이에서 내가 데이팅앱으로 원나잇을 약속한 남자를 만나기로 한 날. 외국에서 낯선 상대와의 만남을 앞두고 염려하는 내게 민희가 한마디 했다. "오빠가 정말로 가고 싶으면 가." 그래도 내심 걱정이 됐다. 게다가 내가 없으면 나보다 민희가 더 위험하지 않을까? 걱정도 잠시, 민희는 "오빠, 거기 간 김에 빵빵한 와이파이로 팟캐스트 좀 다운로드해 와"라고 말했다.

처음 만난 그 남자는 생각했던 것보다 젠틀했다. "오늘 밤 안기고 싶어요, 아니면 안아주고 싶어요?" 내가 묻자, 그는 나를 안아주고 싶다고 대답했다. 까맣게 그을린 내 피부의 각질이 침대에 떨어져도 개의치 않았다.

다음 날 아침, 이 구역에서 눈에 띄는 유럽풍의 고급 빌라를 나서는 내게 그가 종이 가방 하나를 쥐여줬다.

"이게 뭐예요?"

"선물이에요. 배낭여행하면 배고프고 힘들잖아요."

가방 사이로 익숙한 빨간 박스가 눈에 들어왔다. 오랜만에 보는 한글이었다. 크게 '초코파이 情'이라고 쓰여 있었다. 영사관으로 출근하는 그와 헤어진 뒤 릭샤를 타고 숙소로 돌아오자마자 큰소리로 자랑했다.

"민희야, 이거 내가 몸 팔아서 받아온 초코파이야!"

"안 그래도 단것 먹고 싶었는데! 오빠 최고."

민희는 초코파이를 정말 맛있게 까먹었다. 그러곤 "오빠, 거기 한 번 더 갔다 오면 안 돼?"라며 되바라지게 웃었다. 스스로를 팔아서 남을 행복하게 만들 수 있다는 건 뿌듯한 일이었다.

히피들의 낙원인 고아에서는 사기를 당한 적이 있다. 고아의 한 해변에서 주말마다 열리는 플리마켓에서 나는 낙타가 그려진 가죽 크로스백에 단번에 사로잡혔다. 흥정에 능숙한 상인은 처음부터 2000루피를 불렀고, 나는 겨우 1500루피로 깎아 그 가방을 손에 넣는 데 성공했다. 하지만 게스트하우스에서 만난 어느 중국인 관광객이 내 이야기를 듣더니 코웃음을 쳤다. "그거 500루피도 안 하는 건데, 당신 사기당한 거예요. 여기에선 그런 일이 흔해요. 앞으로 정신 똑바로 차리세요." 그는 고아에서 한 달을 머물렀다고 했다.

한국 돈으로는 약 2만 원, 나의 하루 경비와 맞먹는 액수였다. 히피 분위기에 완전히 빠져서 그곳이 인도라는 사실을 까맣게 잊고 한국 기준으로 가격을 비교한 것이다.

결정적으로, 그 가방을 살지 말지 고민하던 내 옆에서 민희가 "오빠, 이거 한국에선 이 가격에 절대 못 사"라며 나를 부추긴 게 내 선택에 한몫했다. '민희 말을 잘 듣자'라는 건 우리 여행을 관통하는 진리와도 같은 문장이었다. 왜냐하면 여태껏 민희의 말을 들어서 한 번도 실패한 일이 없었기 때문이었다(이날만 빼고).

그 가방만 메면 완벽한 여행자가 될 것 같은 기분이었는데, 더 이상은 꼴도 보기 싫어서 그대로 배낭 가장 깊숙한 곳에 처박아뒀다. 해맑게 웃고 있는 민희를 원망하고 싶었지만 차마 그럴 수 없었다. 이상하게도 마음이 든든했다. 민희는 내가 앞으로 어떤 바람을 품든 언제나 응원해줄 것 같아서.

배낭여행이 끝나갈 즈음 드디어 우리는 인도반도 남쪽 땅끝, 칸야쿠마리에 도착했다. 그곳은 꼭짓점처럼 세 개의 바다가 만나는 곳으로 이를 신성시하는 성지순례객들로 붐비고 있었다. 적어도 우리에겐 총 네 달을 함께할 인도 여행의 터닝포인트이자 또 다른 새로운 시작이었다.

'결국 여기까지 왔구나.'

인도에 처음 왔던 당시만 해도, 미지의 세계였던 남인도는 한 40대쯤 되어 과거를 회상하려고 오겠거니, 버킷리스트로만 간직했다. 하지만 그 로망은 불행인지 다행인지 사회생활 후 갑작스러운 첫 퇴사(라고 쓰고 권고사직)로 인해 빠르게 현실화됐다. 민희에게 "우리 인도에 다시 갈까?"라고 제안을 하는 건, "나는 지금 어디론가 도망치고 싶어"

라는 긴급한 타전 같은 것이었다. 민희와 나만 아는 암호랄까. 이제 회사에 안 가도 된다는 말을 당당히 할 수 없던 나는 민희에게만 에둘러 표현했고, 그녀는 자세한 사정은 묻지 않은 채 "알겠어, 나도 좋아"라고 짧게 대답했다.

대학교 풍물 동아리에서 처음 만난 민희를 늘 철없고 엉뚱하기만 한 후배라고 여겼다. 1년을 준비한 첫 번째 인도 배낭여행 첫날부터 공항에서 중요한 소지품을 잃어버리질 않나, 어디든 머리만 대면 빨리도 곯아떨어지질 않나. 경미한 알코올 중독인 나는 매일 저녁 술을 마셔야 하는데, 민희는 술도 잘 못하기에 홀로 게스트하우스에서 구석에서 외롭게 맥주를 홀짝여야 했다. 대신, 민희는 중독성 있는 팟캐스트처럼 끊임없이 대화를 이어갈 줄 아는 사람이었다. 주로 질문을 하는 쪽은 나였고, 민희는 답을 했다. "이 건축물에 대해 어떻게 생각해?"라고 물으면 민희는 "그건 말이야…"라며 엄청 두껍고 무거운 '론리 플래닛' 책 속 깨알 같은 글씨를 하나씩 정성스럽게 읽어줬다. 생각해보면, 오히려 철없던 건 내 쪽으로 민희를 걸어 다니는 셀카봉 취급하면서 인스타그램에 올릴 자유로운 영혼의 여행자 스타일로 사진 찍어주기를 요구하고 있었다.

오랜 시간을 돌고 돌아 인도의 땅끝에 도착하니 모든 게 새롭게 다가왔다. 인도양의 거센 파도가 바위에 부딪쳐 만들어낸 물보라를 맞으며 민희에게 물었다.

"같이 여행하면서 뭐가 좋았어?"

"일단 방을 하나만 쓸 수 있으니까 돈도 절약되고, 취향도 비슷하니까 쇼핑할 때도 좋았어. 그리고 오빠가 위장 남자친구로 보여서 안전하게 다닐 수 있었어. 잘생긴 남자 구경도 같이 하고… 남자 보는 눈도 비슷하니까."

그 대답에 적어도 우리는 서로 원하는 것을 얻었다고 생각했다. 그제야 민희가 나를 이곳까지 데리고 왔다는 사실을 깨달았다. 이 넓은 세상을 혼자서 자유롭게 여행하는 것이 가능한 일이라고 생각했지만, 스스로의 힘만으로는 결코 떠날 수 없었다는 건 명확한 사실이었고, 만약 그녀가 아니었다면 어쩌면 나는 전혀 다른 인생의 방향을 향하고 있었을 테니 말이다.

우리는 여행의 출발점이었던 대도시에서 낯선 우주를 마주했다. 그 작은 우주는 가까이서 보면 복잡하지만 멀리서 보면 나름의 질서와 규칙이 있었다. 지구상에서 가장 화려하고 복잡한 기차역인 뭄바이역에서 나는 소박한 도시락을 배달하는 다바왈라들을 운명처럼 실제로 마주했다. 뭄바이에만 약 5천 명이 넘는 그들은 하루에 수만 개의 도시락을 거의 오차 없이 배달하는 것으로 알려져 있다.

영화〈런치박스〉는 잘못 배달된 도시락으로 인해 두 사람의 삶에 찾아온 변화를 차분하게 그린다. 나는 영화의 마지막 장면에 나오는 "가끔은 잘못 탄 기차가 우리를 목적지로 인도한다"라는 대사를 참 좋아했다.

우리에게도 어쩌면 이 여행이 그런 의미였는지도 모른다. 여행지에서 마주친 수많은 사건과 사람들을 떠올리니 그렇게 믿고 싶었다. 아니, 그렇게 믿어보기로 했다. 영화 속 대사를 처음 들었을 때는 '우연을 소중히 하자'로 받아들였다. 하지만 지금은 '어떤 선택도 후회하지 말자'라는 의연한 태도로 받아들이고 있다. 돌이켜보니 세상에 진정한 우연은 별로 없었다. 우연을 가장한 숙명들을 마주치면서 한국에 돌아오자마자 나는 그 문장을 오른쪽 팔뚝에 새겼다.

인도에서 잃어버린 자아를 찾는다거나, 인생의 해답을 발견한다는 그런 미신 같은 이야기는 믿지 않는다. 하지만 우리는 수많은 도시들을 돌아다니며 서로를 향해 질문을 던졌다. 한국으로 돌아가서 졸업을 하고, 취업을 하고, 또 연애를 하고, 결혼을 하고, 언젠간 물리적으로 멀어질 일도 생길 거라는 걸 알았다. 그러나 매일 반복되는 일상이 지루해질 때, 우리가 원했던 삶이 어떤 모습이었는지 흐릿해질 때, 우리가 함께 여행했던 순간들을 떠올리기로 했다. 그 순간들이 정확한 답은 알려주지는 않아도 희미하게 앞길을 밝혀줄 수 있을 거니까.

한여름의
크리스마스

○ ○

내가 Y를 처음 알게 된 건 2004년의 일이다. 메신저 버디버디로 랜덤채팅을 하다가 핑클을 좋아한다는 이유로 가까워졌다. 서로의 배경도, 미래도 성 정체성도 깨닫기 전의 일이었다.

"어디 살아?"
"나는 부산, 너는?"
"나는 서울. 부산에 가보고 싶어."

10대의 나는 부산엔 한 번도 가본 적 없고 아는 거라곤

해운대밖에 없었지만, 그가 사는 부산이 가보고 싶었다. 스마트폰이 없던 시절이라 온라인 친구와 대화하려면 미리 약속을 잡고 컴퓨터 앞에 붙어있어야 하던 시절이었다. 그렇게 몇 달간 모니터 앞에서 내적 친분을 쌓아가다가 드디어 만나기로 한 때와 장소는 2004년 수능 한파가 몰아치던 11월의 어느 날, 〈인기가요〉를 녹화하는 등촌동 SBS 공개홀이었다.

 가수 옥주현의 2집 컴백이라는 아주 시의적절한 이벤트가 우리의 만남을 성사시켰다. Y는 고속버스를 타고 부산에서 서울 남부터미널로 왔고, 나는 지하철을 타고 그를 마중 나갔다.

 그것이 우리의 첫 만남이었다. 지금이라면 그런 일은 벌어지지 않았을 것이다. 얼굴도 모르는 낯선 사람을 이젠 만나지도 않을뿐더러 내 인생에 크게 도움 되지 않을 사람이라고 넘겨짚곤 수많은 온라인 친구 중 한 명으로 여겼을 것이다. 굳이 시간과 에너지를 써서 누군가를 만난다는 건, 성인이 된 지금에 와 생각하면 도무지 어려운 일이다. 아니면 애초에 원나잇이라면 모를까.

한 번도 여자, 남자 어느 쪽의 경험도 없던 두 소년은 아이돌 덕질을 함께하며 자연스럽게 친구가 됐다.

고등학생이 되자 세상은 빠르게 바뀌었다. 개인 핸드폰이 생겼고, 버디버디 대신 싸이월드라는 또 다른 세계가 등장했으며 같은 반 친구들은 원더걸스와 소녀시대를 좋아했고, 핑클을 좋아하는 건 더 이상 나밖에 없었다.

Y는 남자 공고에 입학했고, 나는 인문계 남녀공학에 입학했다. Y는 고등학교에 들어가자마자 머리를 빡빡 밀어버림으로써 내가 가졌던 편견대로 부산 사나이가 되어갔고, 나는 당시 유행을 따라 샤기컷 머리를 추구했다. 그 좁힐 수 없는 스타일의 간극처럼 우리의 관계도 돌이킬 수 없는 강을 건너듯 멀어졌다.

그때 만나던 대학생 형과 첫 섹스를 하고 마음앓이를 하던 나는 남자를 좋아한다는 사실도 서서히 받아들이고 있었다. Y와 나는 서로 커밍아웃은 안 했지만 말하지 않아도 알 수 있었다. 우리가 한창 핑클 누나들을 쫓아다니던 중학교 마지막 겨울방학에 경기도에 살던 그의 사촌 집에서 며칠간 머물렀던 적이 있는데, 그의 핸드폰 사진첩에서 고이 잠든 내 얼굴을 몰래 찍은 사진을 보았기 때문이다.

서로 다른 도시에서 고등학교를 졸업하고, 어른이 되어 대학을 가고, 군대에 갔다. 시간이 흐를수록 Y의 존재는 희미해졌다. 그러던 중 그가 호주로 워킹홀리데이를 떠났고, 그곳에서 뉴질랜드 출신의 동갑내기 남자친구를 만났다는 반가운 소식이 들려왔다.

그 당시 카카오톡 프로필 사진만 보더라도 내 기억 속 버디버디 부산 촌놈(지역 비하 의도가 아니고 우리는 서로를 촌놈이라고 놀렸다)은 더 이상 없었다. 세계 최고의 행복지수를 자랑하는 온화하고 인권친화적인 도시에서 외국인 남자친구와 파트너십을 맺고 가정을 꾸린 어엿하게 성공한 팔자였다. 거칠던 외모는 온데간데없고 살이 빠져 탄탄해진 체형에 잘 그을린 까무잡잡한 피부, 짧은 머리에 늘 왁스를 바르는 교포 스타일이 되어있었다. 그 옆에는 백인 남자친구가 있었는데, 어쩐지 순종적인 Y의 모습에 적응하는 데 시간이 좀 필요했다.

어째서인지 희한한 결심이 서기 시작했다. 지구 반대편에 있는 그를 만나러 가야겠다고. 얼마나 행복하게 살고 있는지 내 눈으로 직접 보고 싶었다. 사춘기 시절의 풋풋하다

못해 설익은 감정들은 시간이 흐르고 나서야 정확히 어떤 것인지 알게 되기도 하는데, 서른 즈음이 되어 그때의 순수했던 감정이 한 번도 쉰 적 없는 파도처럼 고요히 밀려올 땐, 귀를 기울이지 않을 도리가 없다. 나는 어느새 그 파도소리를 따라 움직이고 있었다.

  멜버른에서 Y의 생일을 축하하기 위해 현지 친구들과 다 함께 2차를 온 그 밤, 하필 '부산'이라는 이름의 돼지국밥집에서 소맥을 실컷 말고 있었는데, 익숙한 노랫말이 들려왔다. 스피커 속 남자는 떠나간 연인에게 연거푸 행복하지 말라며 고음을 쏟아내고 있었다. 15년 전에 그의 MP3에서 들어본 노래였다. 취기가 올랐는지 마치 그때로 되돌아간 듯했다. 같은 자리엔 그의 남자친구를 비롯해 일본, 프랑스 친구들이 있었다.
  내가 지금 어디에 있는 거지?
  아무리 생각해도 요즘의 내 일상은 비현실의 연속이었다. 우리는 그때로부터 아득하게 멀어졌고, 지금 있는 곳은 한국이 아니고, 우리는 서른이 되어있었다.

희뿌연 감정의 안개에 싸여 표정이 사라진 나를 의식한 그는 사람들에게 애써 내 상태에 대해 설명했다. 나는 뭔가에 몰입하면 표정이 급속도로 어두워지고 약간의 두통이 찾아오곤 한다. Y는 이 상황을 예상했다는 듯 말했다. "얘, 원래 이래요."

첫사랑이 결혼하면 어떤 느낌일까? 단 한 번도 상상해 본 적 없던 질문이었다. 물론 우리는 서로의 첫사랑이 아니고 그 이전의 사랑이거나 혹은 다른 종류의 사랑일 수도 있지. 아니면, 우정이라고 부를 수 있을까? 그래, 베스트 프렌드라고 치자. 살면서 특별한 순간이라는 게 분명 있잖아. 옛날에 같이 들었던 노래에 청승맞아지는 내가 세련되지 못한 걸 알면서도 눈치 없이 예전 추억에 잠겼어… 어쩔 수 없었어….

어색한 분위기를 수습하기 위해 그랬겠지만, 자길 보러 여기까지 온 나한테 냉담한 그가 야속했다. 그런데 거기서 끝이 아니었다. 집에 도착하자마자 술 취한 Y가 말했다.

"난 네가 정말 짜증 나. 왜 자꾸 한국 노래를 들으려고 해?"

"그럼 안 돼? 우리 핑클 좋아했던 거 기억 안 나?"

"여긴 호주야! 다른 사람들도 있는데 부끄러워."

"그래, 너 혼자 행복하게 잘 살아라."

나는 문을 쾅 닫고 내 방으로 들어갔다.

떨어져 있는 동안 Y에 대해 모르는 게 많다는 걸 알았다. 싸웠을 때 어떤 표정을 짓는지, 직장에서 일하는 모습은 어떤지, 술 먹고 어떤 농담을 하는지. 무엇보다도 이 낯선 지구 반대편에서 어떻게 사랑을 찾을 용기를 가졌는지. 아마 나는 평생 이해할 수 없을 것이다. 궁금했다. 한국에 많은 걸 두고 온 걸 후회하지 않을 만큼 지금 행복한지. 아니면 내가 미련이 많은 사람인 건지. 이렇게 과거의 것들까지 모두 간직하고 있는 것처럼.

예전에 Y가 내게 했던 말이 떠올랐다.

"내가 후회하는 건 이곳에 더 빨리 오지 않았다는 거야."

며칠 뒤 크리스마스가 왔다. Y는 남자친구의 가족들을 만나러 뉴질랜드로 떠났다. 노란 캐리어 가득 예쁘게 포장된 크리스마스 선물이 담겨있었다. 온 가족이 테이블에 둘러앉아 그간의 안부를 묻고, 마음을 담은 선물을 교환하는 모습을 상상했다.

Y는 얼마나 행복할까? 그가 많이 부럽기도 했다. 그러니까, 여기에 더 빨리 오지 않은 걸 후회한다는 말을 했겠지. 한데 나는 어쩌다 인권단체에서 일하는 자랑스러운 남자친구를 만나 인권운동이니, 시위니 별의별 박복한 일을 함께하면서도 무력감을 느낄 때가 더 많은 걸까.

이제 막 서른이 된 나는 낯선 도시에서 이방인으로서의 정체성을 마음껏 즐기고 있었고, 다시 한국에 돌아가면 마치 다른 사람이 된 것처럼 새롭게 살고 싶다는 다짐을 했다. 나도 행복해지고 싶었다.

3주 뒤 휴가를 마치고 돌아올 Y를 그의 집에서 기다리며 오래도록 생각했다.

우리가 앞으로의 인생에서 어떤 삶을 살게 될지는 모르지만 지금처럼 서로의 삶을 비추는 찬란한 거울이 되자고. 우리 만남의 시작도, 지금도 그렇듯이 이 세상엔 멀리 떨어져 있어도 세상의 그 누구보다 가까울 수 있는 사이가 있다고. 결국 만나야 할 사람은 만날 수밖에 없다는 말로밖에 설명될 수 없는 인연들이 있다고.

이제 갓 시침을 지나친 분침처럼 멀리 돌아왔지만, 이윽고 다시 만나 너의 시공간 속에 머물렀던 그 두 달이라는 시간 동안 우리는 10대로 돌아간 것처럼 시시콜콜 떠들고, 웃고, 다투고, 화해했다. 이제는 잘 기억나지 않는 그때의 겨울방학처럼 지난 15년의 시간도 책장 넘기듯 찰나의 순간처럼 느껴졌다.

나를 어디론가 데려다준 모든 여자들에게

점심시간, 남자애들이 공을 쫓으러 운동장에 나갔을 때 나는 창가에 앉아 그들을 바라보며 의아했다. 나는 왜 남자애들이 열광하는 동그란 물체에 반응하지 않는 걸까? 이 답이 없는 생각은 학창 시절 내내 그다지 반갑지 않은 성적표처럼 나를 따라다녔다.

고민 많아 보이는 내 모습이 또래 남자애들보다 특별해 보였던지, 여자에게 처음으로 고백을 받은 건 초등학교 고학년 때의 일이었다.

예나 지금이나 잘 거절하지 못하는 성격인 나는 그렇게

아이돌 걸그룹 멤버같이 예쁜 이름을 가진 같은 반 친구와 사귀게 됐다. 2차 성징이 오기 전, 몸도 마음도 여물지 않은 그 부자연스러운 시기에 나는 수줍어서 그 애와 눈도 잘 못 마주쳤다. 당연한 이야기지만, 나의 첫 번째 연애는 그리 오래가지 못했다.

돌이킬 수 없는 실수를 한 건 내 쪽이었다. 우리 둘 사이를 호기심 가득한 눈으로 지켜보던 같은 반 남자애들이 우리가 얼마나 오래 사귈지 내기를 했고, 나는 "장담하는데 100일은 사귈 수 있어"라고 호기롭게 친구들에게 말했다. 그게 그 애의 귀에 들어가고 만 것이다. 치기 어린 나와 달리, 그 애는 우리의 연애를 소꿉놀이라고 생각하지 않았는지, 내게 사랑을 논할 자격이 없다며 버디버디 쪽지로 이별을 고했다.

사람의 감정을 가지고 내기라니. 초등학생 시절의 연애로부터 누군가를 좋아한다는 게 무엇인지, 사람 사이에 신의를 지킨다는 게 어떤 의미인지 조금씩 배워갔다.

이 세상에 어떤 흔적도 남기지 않은 짧은 연애였지만 그 애와의 첫 데이트는 아직도 선명하게 기억하고 있다. 새천

년이 찾아오기 전 눈이 오던 어느 겨울이었다. 우리는 종로3가의 서울극장에서 영화를 봤다. 대형 극장들이 모여있던 종로3가라는 공간은 그때까지 내 전부와도 같았던 우리 동네와는 다른 풍경이었다. 지하철역의 출구로부터 극장까지 이어지는 좁은 인도와 가판대 행렬. 매대 위에서 노란색 조명을 쬐고 있는 향긋한 간식들. 지금은 역사 속으로 사라진 극장 앞에서 사람들은 티켓을 사려고 줄을 서 기다리고 있었고, 인기 있는 영화엔 '매진'이라는 글자에 빨간색 불이 하나둘 들어왔다.

넓은 극장을 놀이공원 온 듯 구경하는 것도 즐거운 일이었다. 남는 게 시간이라 매진이 안 된 전체관람가 영화 중에 고르고 골라 티켓을 샀다. 상영 시작을 기다리는 동안 잡지나 영화 팸플릿 등을 훑으면서 시간을 죽였다. 따분함이 점점 설렘으로 바뀌던 시간. 이제는 하기 어려운 영화적 체험을 그 애와의 데이트 때 처음으로 경험했다.

영화가 다 끝나고 엔딩크레디트가 올라가기 전까지, 극장 밖과 다른 스크린 속 세계에 몰입할 수 있는 낭만이 뭔지 최초로 알았다. 그 애 덕분에 나는 영화와 극장을 좋아하게 됐고, 어른이 되면 영화와 관련된 일을 꼭 하고 싶다고 생각했다. 그 꿈은 나중에 현실이 됐다.

몇 해 지나 중학생이 되자 여자애들은 조용한 남자애들보다 싸움을 잘하는 소위 일진들을 더 좋아하기 시작했다. 싸움도 운동도 못하는 나는 학교에서 비주류에 속했다. 하지만 유행을 프린트처럼 찍어내던 이른바 '동대문 패션'이 전교생의 소풍날 패션을 주름잡던 틈에서 줄곧 단정한 럭비티와 베이지색 면바지를 즐겨 입던 나를 좋아해주던 소수의 여자친구들이 극소수 남아있었다.

잘 노는 남자애들은 교복을 쫄바지처럼 타이트하게 줄여 입었지만, 나는 교복을 한 번도 줄여본 적이 없었다. 그렇다고 요즘 다시 유행을 돌고 돌아온 Y2K 스타일의 펑퍼짐한 힙합 패션을 입지도 않았던, 강남도 강북도 아닌 어중간한 영등포 감성이라고 해야 할까. 그런 내게 적극적으로 다가왔던 한 여자친구가 있었다.

우리는 디키즈 카라티 위에 빈폴 크로스백을 메고 여의도공원에서 데이트를 즐겨 했다. 지금과 다름없이 드넓은 광장에는 스케이트를 타거나 농구를 하는 사람들이 언제나 있었는데, 우리는 그들 사이에서 자전거를 타거나 벤치에 누워 간식을 먹고 이야기를 나눴다. 그게 데이트의 전부였다.

핸드폰을 갖기 전이라 데이트를 하려면 미리 이메일로 약속을 잡아야 했고, 이메일과 온라인 채팅을 주고받으며 1년 가까이 연애를 했다. 영화관에도 자주 갔다. 그 캄캄한 공간에서 이제는 제법 키스신도 나오는 15세 관람가 영화를 보면서 그 애는 내 손을 잡고 싶은 눈치였지만, 나는 그 애의 손을 먼저 잡을 수 없었다. 손을 옆으로 딱 10센티미터만 뻗어서 잡는 게 이리도 어렵다니. 그 애를 만나기 전 혼자 수백 번을 상상했어도 나는 그 애의 손을 먼저 잡지 못했다. 내가 남자로서 그 애에게 해줄 수 있는 게 별로 없다는 걸 점점 더 깨닫게 됐다.

그 애는 그해 여름방학이 지나갈 무렵, 영등포 지하상가의 금은방에서 맞춘 14K 반지를 내게 깜짝 선물했다. 나도 남은 방학 내내 용돈을 모아 그 애가 준 것과 똑같은 반지를 개학하자마자 선물했다. 그런데 어째서인지 커플링을 한 지 얼마 안돼 내게 이별을 통보했고, 그렇게 얼마 뒤 우린 헤어졌다. 모든 게 말 그대로 지난 학기의 일이 되어버렸다.

얼마 뒤 그 애가 옆 반의 듬직한 남자애와 사귄다는 소식을 들었다. 나보다 적극적으로 마음을 표현할 것 같은 쾌활한 애였다. 내가 환승 이별을 당했다고 해도 이상하게 자존심이 상하지는 않았다. 그 애가 원하는 마음을 줄 수 없는 내 존재가 늘 미안했다. 차라리 잘된 일이라고도 생각했다. 노력해도 안 되는 게 있다는 걸 알았고, 사람을 노력해서 좋아하는 게 이렇게 힘든 일인 줄 몰랐다.

같은 해에 델리 스파이스는 〈고백〉이란 노래를 발표했다. 네 품에 안길 때도 생각했던 다른 사람, 네 손을 잡고 걸을 때도 떠올렸던 다른 사람. 내 또래 남자애들이 다른 줄에 있는 여자애들과 첫사랑을 진행 중일 때, 내 사랑은 나와 같은 줄에 있다는 걸 이제는 받아들여야 했다.

중학교 3년도 금방 흘렀다. 사춘기를 지난 아이들에게 제법 어른스러운 태가 났다. 내겐 남녀공학 중학교를 거쳐 서로 다른 고등학교를 배정받았음에도 계속 가까이 지내던 여자친구가 있었다. 같은 학원을 다녔기에 수업이 끝나면 어울리는 시간이 많았다. 또래 남자애들이 끼리끼리 몰려다니며 운동을 하거나 PC방 게임에 몰입하고 있을 때, 나는 그 애를 만나 쇼핑을 하거나 디지털카메라로 싸이월드에 올릴 사진을 정성스럽게 찍었다.

그 애는 내게 카페에서 핫초코를 주문하는 방법, '아웃백' 같은 패밀리 레스토랑에서 할인쿠폰을 이용해 알뜰하게 먹는 방법, 다양한 포즈와 문구를 활용해 스티커 사진을 찍는 방법, 교복을 입고 롯데월드에서 너구리 머리띠를 하고 노는 방법 등을 가르쳐줬다. 아마도 내가 남자애들하고만 놀았더라면 알지 못했을 10대 시절의 각별한 재미였을 것이다.

우리는 처음부터 사귀기로 한 적은 없었다. 그렇게 즐거운 시간을 보내는 사이, 그 애가 다니는 학교에 내가 그 애의 남자친구라는 소문이 퍼졌다는 이야기를 전해 들었다. 커플 모자를 쓴 채 롯데월드에서 스티커 사진을 찍었으니까. 누구라도 그 사진을 본다면 당연히 그렇게 생각했을 것이다. 정신을 차리고 보니 우리는 어린왕자 일러스트가 각인된 우정 반지를 하고 있었다.

이 관계가 언제까지 이어질까? 나는 혼란스러웠고, 언젠가부터 자연스럽게 그 애와 멀어졌다. 고3이 되고, 각자 학업에 열중하고, 수능을 봤다. 남들처럼 대학에 입학한 그 애와 달리 나는 재수를 했다. 그런 나를 응원해주던 편지가 그 애와의 마지막이었다.

그로부터 아주 오랜 시간이 흐른 어느 날, 한강 다리를 건너다 나를 스쳐 간 여자들이 불현듯 떠올랐다. 운전면허가 없는 나는 그날도 여자친구에게 의지한 채 오토바이 뒷자리에 앉아있었다.

남자를 좋아한다는 정체성을 받아들이고 난 뒤에 얽힌 관계만 가끔 떠올렸지, 나조차 나에 대해 설명할 수 없던 시절에 나를 어디론가 데려다준 여자친구들의 존재는 잊고 살아온 것이다.

목동에서 출발해 한강을 건너 망원동으로 이어지는 성산대교를 건너는데, 바퀴가 달린 물체에 내 몸을 의지한 채 누군가의 운전으로 너무나 쉽게 목적지에 도착했다는 감각이 생생하게 들었다. 오토바이와 헬멧 외에 나를 보호해주는 건 없지만 평소 버스를 타고 건너면서 느끼는 감정,

혹은 뭔가 느낄 새도 없이 지나간 때와는 분명 달랐다.

    과거의 내 기억이 미화된 건지, 아니면 정말 내게 네잎 클로버처럼 찾아온 행운이었는지 몰라도 내가 10대 때 만났던 여자친구들은 모두 어른스러운 면모가 있었다. 여러모로 미성숙한 나를 다그치거나, 감정을 강요하거나, 무엇 하나 쉽게 말하거나, 상처 주지 않았다. 또한 그녀들은 자기가 가고 싶은 곳, 하고 싶은 일, 갖고 싶은 물건이 있으면 먼저 알려주었다. 용기를 내어 내게 다가왔고 먼저 손잡는 게 어려운 나를 참고 기다려주기도 했다.

    나는 단지 그녀들에게 내 사랑의 답을 찾지 못했을 뿐이다. 그런 관계를 뭐라고 설명할 수 있을까. 우리는 결혼식 전날까지 기억날 운명적인 연인은 아니었지만, 지난 시절 좋은 친구 사이였고 다신 돌아오지 않을 시간을 함께한 소중한 관계였음을 부정할 수 없다. 여자친구들을 만나지 못했더라면 내가 모르고 지나쳤을 기쁨과 슬픔이 아주 많았을 것이다.

    누구에게나 단순한 말로 딱 잘라 설명 못 할 감정이 있고, 그 마음의 조각을 우연한 기회로 조용히 들춰볼 때가 있다. 한 시절 곁에 있어준 내 여자친구들 덕분에 나는 지금 이 자리에 있고, 불확실한 이 세상에서 자신의 방향으로 성장하는 시절의 이야기는 오래도록 기억 속 깊은 곳에 남곤 한다.

남매의
겨울 산행

○○

내게는 누나가 두 명 있다. 어린 시절부터 누나들 곁을 따라다녔고, 그게 너무도 자연스러웠다. 머리가 조금 굵어져서는 누나들이 좋아하는 음악을 따라 듣고, 누나들이 아끼던 브랜드 옷을 몰래 입다가 들켜 혼난 적도 있다.

누나 있는 티가 제법 나는지, "규환 씨, 누나 있죠?"라는 말은 내가 살면서 지겹도록 들은 말 중 하나다. 학교부터 직장까지 20여 년 정도 듣다 보니 한때는 이런 질문을 '내가 여성스럽다는 걸 돌려 말하는 건가?' 싶었다. 썩 유쾌한 기분은 아니었다. 남자애들 사이에서 '여성스럽다'는 표현은 대체로 놀림거리로 받아들여졌으니까. 비슷한 맥락에서, '다정함'은 '유난함'으로, '섬세함'은 '약함'으로 해석되기도 한다. 한동안은 누나들과 함께 보낸 시간이 내게 남긴 것들을 애써 숨기며 살았다. 그땐 내가 어딘가 잘못된 사람 같았고, "누나 있죠?"라는 질문은 나를 꿰뚫는 말처럼 들리곤 했다.

시간이 흘러 소셜미디어를 훑다가, '누나가 있는 남자와 사귀는 여자는 남자친구의 센스가 아니라, 남자친구 누나의 센스를 좋아하는 것과 마찬가지'라는 글을 접했다. 누나가 있는 나로선 그 말에 공감할 수밖에 없었다. 어렸을 때부터 누나들이 코디해준 패션에 익숙한 나는 여자애들 앞에서 절대 하지 말아야 할 매너들, 교양을 쌓기 위해 읽어야 할 책, 들어야 할 음악, 심지어 걸그룹 춤까지 전부 누나들로부터 배웠다. 태어나자마자 연상인 여자들의 취향에 맞춰서 성장한 셈이다.

남아선호사상이 아직 남아있던 1990년대까지만 해도 누나 둘과 막내아들로 구성된 남매는 한국 가정의 클리셰 중 하나였다. '그 집 막내아들은 엄마의 사랑을 독차지해서 철없고 귀하게 자랐을 것'이라는 편견과 함께.

실제로 철이 잘 안 드는 건 맞고 귀하게 자랐는지는 의문이지만, 아무튼 우리 부모님 역시 가문을 이을 남자를 낳기 위한 노력 끝에 나를 낳은 거라서, 나는 종종 요즘같이 출생률이 낮은 시대였다면 태어나지 못했을 운명인데 성차별적인 문화 탓에 운 좋게 태어나서 살고 있다는 몹쓸 생각도 하고 있다.

그래도 요즘 들어 누나가 있다는 건, 조금이나마 세상을 여성들의 시선으로 바라보는 능력을 가질 수 있는 축복이란 생각이 든다. 내 의지와는 무관하게 '누나 있는 남자'로 사는 것뿐이지만, 언제부턴가 그 의미를 천천히 되돌아보면서 누나들이 어떤 세상을 살고 있는지, 그동안 나와 달리 무엇을 경험하고 느꼈을지를 짐작하곤 한다.

큰누나와 둘이 신도림역에 있는 한 횟집에서 저녁을 먹은 적이 있다. 그날따라 누나가 "나, 결혼할까?"라는 말을 무심코 툭 내뱉었다.

그 말에 회를 먹다 말고 어이없이 눈물이 쏟아졌다. '나, 결혼할 거야'도 아니고, '할까?'라고 물어본 건데 말이다 (심지어 누나는 그때 만나는 사람도 없었다).

나는 누나가 누가 뭐라 하든 간에 자신이 원하는 선택을 하길 가슴 깊은 곳에서부터 응원했다. 철없는 K-막내의 삶이 있다면 당당한 K-장녀의 삶도 있는 거니까.

스무 살의 누나가 원하는 대학을 선택할 때도, 대학을 수석으로 졸업하고 직장을 선택할 때도 부모님과의 갈등 상황에서 나는 늘 누나 편이었다. 그게 내가 동생으로서 해줄 수 있는 응원이자, 누나가 어렸을 때부터 가르쳐준 교양에 대한 최소한의 보답이라고 생각했다. 다른 가족들은 늘 '어린 네가 뭘 알아'라고 나를 무시했지만 누나는 그럴 때마다 자기 편이 되어준 나를 속으로 고마워했다는 걸 나중에야 알았다.

누나의 말에 왜 울음이 났을까.

내 주제에 우습지만 남녀 사이의 결혼에서 여성 쪽의 희생이 더 크다는 인식이 박혀 있어서였을까. 아니면, 부모님이 바라는 여자와의 결혼도 아이 낳기도 불가능한 게 이 아들로서의 심리적 짐을 누나한테 일임하는 듯해 무의식중 죄책감이 밀려와서 그랬던 것이었을까. 그도 아니면 그냥 우리 누나를 다른 사람의 아내로 떠나보내는 게 아쉬운 마음에서일 수도 있다. 다 떠나서, 자신이 행복한 선택이라면 누구도 말릴 수 없겠지만…. 회 먹다 하염없이 울고 난 그 날 이후 누나의 결혼 이야기를 다시는 들을 수 없었다.

설 연휴를 앞둔 어느 주말, 큰누나한테서 문자 한 통이 왔다.

"이번 설 연휴에 나랑 제주도 갈래?"

"우리 둘이?"

나로서는 의아스럽지만 매력적인 제안이었다. 똑똑한 누나는 나를 통제하는 방법이 경제력에 있다는 걸 어릴 때부터 잘 알고 있었다. 어릴 땐 누나의 편의점 심부름을 하면서 심부름값으로 내 과자 하나 사는 게 낙이었고, 성인이 된 후로도 누나가 호출하면 음식이든 용돈이든 필시 뭔가 떨어지는 게 있다는 걸 알아서 나는 거절하는 법이 없었다. 누나와 함께 시간을 보낸다는 말인즉 내가 돈을 낼 일은 거의 없다는 뜻이다.

그러니까, 이번 제주도 여행도 남매의 훈훈한 여행이라기보다는 돈은 있지만 여행 가줄 사람이 필요한 누나와, 돈은 없지만 시간이 많은 나의 이해관계가 맞아 성사된 계약 같은 것이었다.

30대의 평범한 은행원인 누나. MBTI로 따지면 'S' 타입의 현실주의자 성격이라, 몽상가에 가까운 'N' 타입의 나와는 세상을 살아가는 방식이 많이 달랐다. 내 주위에선 좀처럼 본 적 없는 성격 유형인 데다가 누나는 첫째 특유의 목표 지향적이고, 무엇이든 뒤처지지 않으려고 노력하는 성향이 강했다. 그런 누나를 '왜 저렇게까지 열심히 살아야 하지?' 희한하게 여기곤 했다. 나야 뭐 어릴 때나 성인이 돼서나 뭐든 적당히 하고, 느긋한 마음으로 살려는 한량 성향에 가까웠으니. 큰누나는 나와 정반대이지만, 오히려 그래서 더욱 호기심 어린 눈으로 바라봤다.

최근까지 내가 파악한 바로는, 누나에게 단둘이 여행 갈 수 있는 상대의 애인이나 친구는 별로 없는 것 같았다. 직장인에게 황금보다 귀한 연휴에 남동생한테 같이 여행 가자고 하는 걸 보면 말이다.

무슨 바람이 들었는지 난데없이 한라산 정상에 올라가자고 해서 장비를 챙겨 따라왔지만, 여행 일정 내내 정신이 없었다. 누나는 유명 맛집 한두 곳 들렀다가 그저 한라산에 올라갈 생각뿐이었다. 반면 나는 의식적으로는 '명색이 가족여행이니까 울고 웃는 이야기라도 꺼내야 하나?' 아니면, '결혼하지 않고 도시에서 혼자 산다는 건 어때?' 같은 MBC〈나 혼자 산다〉프로그램 풍의 멘트라도 쳐야 하는 건 아닌지 순간순간 고민했다. 물론 그런 고민은 새벽 5시에 일어나서 왕복 거리 20킬로미터, 해발 1900미터를 10시간 동안 오르내리는 사이에 다 잊었다. 천근만근 무거운 몸을 이끌고 숙소로 기어 오듯 돌아와선 파스를 덕지덕지 바르고 이내 잠들어버려 제대로 된 대화를 나눌 시간도 없었던 것이다.

누나가 그토록 보고 싶어 했던 한라산을 오른 소감. 변화무쌍한 날씨와 강한 눈보라 탓에 백록담은 정확하게 몇 초밖에 보지 못했다. 하지만 해발고도가 높아질수록 시시각각 달라지는 한라산의 풍경을 과연 누나가 아니었으면 내가 볼 일이 있었을까 싶어서 허탈하지만은 않았다.

해발 500미터까지는 바닥이 조금 언 정도였는데 해발 1000미터부터는 눈이 발목까지 차올랐고, 1500미터가 되자 온 나무에 눈꽃이 아름답게 피어있었다. 1900미터 지점까지 오르니 발아래 구름이 있었고 온 세상이 흑과 백으로 보여 한 폭의 수묵화 속에 들어온 기분이 들었다.

후들거리는 두 다리로 하산하는 중에, 한라산 매표소 직원이 누나더러 "어머니세요?"라고 물었던 장면이 떠올라서 혼자 키득거렸다. 누나에겐 굴욕적인 말이었지만, 좋게 생각하면 그만큼 우리 둘이 닮았다는 뜻이고, 또 훗날 누나랑 제주도 여행을 이야기하면서 함께 깔깔거릴 에피소드 하나를 적립한 것 같아 내심 기뻤다.

누가 봐도 사이가 좋은 모범 남매는 아닐지 몰라도, 취향이든 직업이든 공감대가 없을지 몰라도 30대라는 인생의 시간대를 관통하고 있는 두 사람이 무덤덤하게 같이 여행할 수 있다는 것에, 또 다른 종류의 삶의 만족감을 느꼈다. 아름답고 높은 산을 오를 때 내가 누나 곁에, 누나가 내 곁에 묵묵히 있어주었던 날처럼 앞으로도 그렇게 살 수 있기를.

어느 결혼식의 오점

마땅히 축복받아야 할 결혼식, 순결한 백색의 단상 위로 악취를 풍기는 뭔가가 흩어졌다. 내 셔츠에도 정체불명의 액체가 튀는 것이 느껴져 뒤를 돌아보니 이미 아수라장이었다. 축가를 부르기 위해 단상에 올라온 게이 합창단 '지보이스' 단원들이 범인의 주요 타깃이 됐다. 오물 투척범이 들고 있던 흰 플라스틱 기름통에는 된장과 똥이 뒤범벅된 액체가 들어있었다.

범인과 나 사이의 거리는 2미터 정도. 단상 아래 프레스 라인에서는 사진 기자들의 카메라 플래시가 '파바박!' 소리를 내며 터지고 있었고, 뒤에서는 경호원들이 범인을 제

압하는 소란이 벌어졌다.

이건 꿈일 거야. 멍하니 몇 초간 상황을 파악하고 있을 때, 무대감독님이 다가와 낮은 귓속말로 침착하게 지시했다. "당황하지 말고 바로 낭독해."

나는 이날을 위해 직접 쓴 성혼선언문을 떨리는 목소리로 읽어 내려갔다.

"어느 멋진 날, 달빛은 누구의 집 앞에나 쏟아집니다. 두 사람의 미래를 환하게 비춰주는 달빛처럼 오늘 밤은 평등한 밤입니다."

2013년 9월 7일, 청계천 광통교에서 열린 김조광수, 김승환 부부의 결혼식 '어느 멋진 날, 당연한 결혼식'의 성혼선언문을 낭독하기 직전에 벌어진 소동이다. 영화보다 더 영화 같았던 그 순간은 영화 〈마이 페어 웨딩〉과 〈위켄즈〉에 고스란히 담겨있다.

불행 중 다행으로 결혼식은 더 큰 사고 없이 무사히 끝이 났고, 각종 주요 뉴스에 대대적으로 보도되며 성소수자들의 결혼할 권리를 한국 사회에 알리기 시작한 사건으로 기록됐다.

당시 대학생이었던 나는 두 사람의 결혼식 지지모임 '이 결혼 찬성일세'를 결성해 여러 대학 성소수자 모임에 연대를 요청했다. 이는 훗날 성소수자도 결혼 제도에서 배제되지 않을 권리를 일컫는 '혼인평등' 연대로 이어지는 출발점이 됐다. 우리는 결혼식 개최 기자회견에서 지지모임의 이름으로 지지선언을 발표하고, 광화문과 홍대 거리 등에서 캠페인 활동을 벌였다.

지금도 그 시기를 떠올리면 누군가의 소원이 실시간으로 이뤄지는 모습을 지켜보는 듯 막연한 희망이 일긴 하지만, 그날의 나는 패잔병 같은 심정이었다. 막상 내게 남은 건 불쾌한 흔적뿐이었으니까 말이다. 나는 가족들이 곤히 잠든 자정에 오물이 묻은 하얀색 옥스퍼드 셔츠를 직접 빨았다. 오물은 중성세제로 쉽게 지워지지 않았다.

해외 토픽에 나올법한 그 장면을 같이 목격한 후배는 뒤뚱거리는 펭귄 흉내를 내면서 "형, 왜 게이분들은 그 상황에서 아무 대꾸도 못 했어?"라고 물었다. 하얀색 옷에 타이를 맞춰 맨 합창단의 모습이 마치 얼음 위에 삼삼오오 모여 있는 펭귄 같았다나. 후배의 그 솔직담백한 표현과 익살스러운 흉내가 웃겨서 배를 부여잡고 한참을 웃었지만, 한편으론 그 무대에 흩뿌려진 게 오물이 아닌 위험한 화학물질이거나 날카로운 흉기였다면 어땠을지 떠올리곤 등골에 소름이 돋았다. 범인의 행동은 명백한 테러나 다름없었다. 어엿한 성인 남자가 스무 명 남짓이나 모여있었는데 그 타이밍에 누구도 적극적으로 저항할 수 없던 이유다.

한 가지 확실한 건 그들은 그 봉변을 당하고도 당당히 축가를 마무리했고, 대기실에서 서로에게 '괜찮다'고 다독이며 속으로만 울분을 삼켰다는 사실이다. 그 흔한 욕 한마디 내뱉는 사람이 없었다.

경우는 아주 다르지만, 〈섹스 앤 더 시티〉에서는 사만다가 뉴욕의 패션 행사장에서 동물권운동가들에게 페인트 세례를 받는 장면이 나온다. 모피를 입었다는 이유에서였다. 페인트를 뒤집어쓴 그녀는 쿨하게 말한다. "그래, 이게 바로 뉴욕이지." 결혼식에서 난데없이 호모포비아의 오물을 맞은 내가 할 수 있는 말도 이것뿐이다.

"이게 바로, 대한민국 서울이지."

그 어떤 명분도 없고, 아름답지도 않은 그림이 바로 한국의 현실인 걸 어쩌겠는가.

그날의 기억이 어느 정도 옅어졌을 때쯤, 오물 테러범을 직접 만나 왜 그랬는지 한번 물어보고 싶다는 생각이 들었다. 그 일 이후로 세상이 점차 좋은 방향으로 흐를 줄 알았지만, 기대와는 달리 그럴 기미는 보이지 않았고, 보수 정권이 한창이던 그 시절의 서울 곳곳은 혐오의 그림자가 점점 더 짙어지고 있었다. 성소수자의 삶이 사회적으로 가시화될수록 성소수자들이 모이는 자리마다 훼방을 놓는 조직된 세력들이 눈에 띄기 시작했다.

5월의 오후, 서울역에서 아이다호 데이(국제 성소수자 혐오 반대의 날) 기념행사가 한창이던 그날도 서울시청 광장에서는 동성애 반대 집회가 열리고 있었다. 시청 정문 앞에 펼쳐져 있는 플라스틱 의자는 고작 열 개 남짓이었다. 행사 현수막을 걸고 있던 한 무리에게 다가가자, 주최자 중 한 명으로 보이는 중년 남성이 "교회 다니세요?"라며 내게 천연덕스럽게 말을 걸었다.

익숙한 얼굴이라는 생각이 들던 찰나, 그는 자랑스러운 말투로 자신의 정체를 밝혔다. "저는 나름대로 이름난 장로예요."

그날의 결혼식에서 오물을 뿌린 이 모씨였다.

순간 팔뚝의 털이 곤두서는 느낌이었다. 초점 없는 눈, 치아가 없고 틀니를 뺀 채 부자연스럽게 말을 내뱉는 모습이 안쓰러워 보이면서도 오컬트 영화의 한 장면처럼 기이하게 다가왔다.

불철주야 동성애 반대를 위해 싸우고 있는 이들의 사명감은 무엇으로부터 오는지 궁금했었는데, 이참에 이야기를 한번 들어보기로 했다.

그는 아이다호 데이 행사를 일종의 '교란작전'이라 묘사하고, 6월 시청 광장에서 열리는 퀴어 퍼레이드가 이른바 '진짜'라고 말했다. 그 말대로라면 그들은 예상보다 단순한 사고방식을 가지고 있는 듯했다. 그들이 원하는 것은 성소수자들이 이 사회에서 눈에 띄지 않는 것이어서 매년 도심에서 열리는 퀴어 퍼레이드를 대표적 타깃으로 본다는 것이었다. 퀴어 퍼레이드는 '프라이드 먼스', 즉 성소수자 인권의 달인 6월이면 전 세계에서 매년 공통적으로 열리는 이벤트다.

정작 눈앞에 있는 동성애자도 구별하지 못하면서, 무슨

수로 퍼레이드를 막는다는 거지?

"우리나라 교회가 아니면 막을 데가 없어요." 그의 말에서 간절함이 느껴졌다. 그는 이어 "대한민국은 기독교가 강한 곳이기 때문에 전 세계에서 유일하게 동성애 물결을 막을 수 있는 곳"이라며 목소리를 높였다. 단지 그들에게 대한민국은 자신들의 믿음을 증명할 수 있는 기회의 땅일 뿐이었다. 그들은 언제든 국가를 부정할 수 있을 만큼 불온한 무정부주의적 사상으로 무장돼 있었다. 꿈은 크지만, 안타깝게도 그것을 뒷받침할만한 능력은 없었다. 그들이 믿고 있는 것은 오직 '하나님'뿐이기 때문이다.

꼭 한 번 물어보고 싶었던 질문을 던졌다. "똥물 뿌릴 때 기분이 어떠셨어요?" 그는 그날을 이렇게 회상했다. "다른 사람은 못 해요. 큰 용기와 지혜가 필요한 일이에요."

희번득한 얼굴에는 삼엄한 경비와 인파를 뚫고 행위를 한 것에 대한 굉장한 자부심이 비쳤다.

"계속, 계속할 거예요. 이 땅이 승리할 때까지. 하나님이 내게 맡긴 사명이니까요. 저는 작년에 감옥도 갔다 오고, 지금 이빨도 다 없잖아요. 틀니를 했는데 음식을 씹다 보면 쏙 빠져버려서… 그래도 편하게 천국 가니까…" 웃음 뒤로 말끝을 흐렸다.

뒤에 나올 이야기는 더 안 들어도 뻔했다. 대화를 나눠보니 그저 무식하고 용감하기만 한 어그로꾼이라는 생각이 들었다. 그와 비슷한 생각을 가진 사람이 이 세상에 얼마나 있을지는 모르겠지만, 맹목적인 그의 삶이 그저 안쓰럽다고밖에 느껴지지 않았다.

종교가 없는 나는 왜 이토록 나약한 이들이 왜 하나님의 이름으로 자신들의 행동을 정당화하는지 이해할 수 없었다. 하지만 곧 내가 모든 걸 이해하려고 노력할 필요는 없다는 것만은 확실히 알았다. 광장에 들어서기 전 으레 들었던 두려움과는 분명 다른 감정이었다. 구름 한 점 없는 5월의 파란 하늘처럼 개운한 기분이었다. 어쩌면 이것을, 감히 용서라고 부를 수 있을지 모르겠다.

"결혼 축하드려요"라는
마법의 주문

혼인신고를 하기 위해 방문한 서대문구청 민원실의 공기는 여느 때처럼 차분했다. 우리는 미리 연습한 대로 혼인신고서에 한 글자 한 글자 적어 내려갔다. 남편의 자리에 서로의 이름을 번갈아 총 두 장을 썼다.

우리보다 앞에 도착한 신혼부부의 뒷모습을 물끄러미 바라봤다. 비슷한 톤앤매너의 옷을 입고 시종일관 밝고 행복한 모습. 그렇게, 한 커플이 부부가 됐다.

얼마 뒤 번호판의 숫자가 바뀌고 우리 차례가 다가왔다. 혼인, 이혼, 출생, 사망 등이 적힌 가족관계등록민원 창구에 앉자마자 '악성 민원은 범죄입니다'라는 스티커가 보였다. 보라고 붙인 거니까 아무래도 당연한 일이었다. 그렇지만 혹시 우리가 바로 저 스티커가 겨냥하는 불청객이 아닐까 순간 멈칫했다. 괜히 민망해서 낮은 목소리로 남자친구에게 "이거 봐, 우리한테 하는 이야기인가 봐"라고 농담을 건넸다.

하지만 불청객치고 우리는 누가 봐도 너무 귀여웠다. 반팔 컴포트 셔츠를 커플로 맞춰 입었고, 미용실에서 머리도 말끔하게 잘랐다. 부부가 공개적인 활동을 하는 것은 그 자체로 정치적이라서, 해외 순방을 다니는 대통령 부부나 TV에 나오는 연예인 부부처럼 우리도 이 정도쯤은 해야 하지 않나 싶었던 거다. 사실 대단한 인권운동을 위해 이 자리까지 온 것은 아니었지만, 동시에 우리의 행동이 인권운동으로 해석될 여지가 아예 없다고 할 수는 없으니까.

우리에겐 혼인신고를 하는 게 특별한 의미이지만, 누군가에겐 이 모든 과정이 일상일 것이다. 묵묵히 자기 업무를 해내고 있는 구청 직원을 방해하고 싶지 않아서 우리는 담당 공무원이 묻는 질문에 최대한 겸손하게 답했다. 그녀의 표정은 어떤 기색도 없이 평온했고 우리가 혼인신고서에 기입한 내용에 잘못된 게 없는지 꼼꼼하게 확인했다.

10여 분 만에 혼인신고 접수가 마무리됐다.
"아시다시피 동성 간의 혼인신고이기 때문에 접수와 동시에 불수리 처리됩니다. 자세한 사항은 불수리 통지서에 쓰여 있는 내용을 확인하세요."
담당 공무원은 이렇게 말한 뒤 접수증과 불수리 통지서를 우리에게 살포시 건네줬다. 여기까지는 모두 예상했던 시나리오였다.
미뤄왔던 숙제를 끝낸 듯 일종의 개운함을 느끼려던 찰나, 그녀는 "결혼 축하드려요"라고 마무리 멘트를 건넸다. 사무적으로 민원인을 응대하듯 매우 일상적인 음성이었지만 모든 시민을 차별하지 않겠다는 공무원으로서의 소양을 견지하면서도, 우리를 향한 연민이나 편견을 드러내지 않으면서도, 어떠한 이성과 감정의 흐트러짐이 느껴지지 않을 정도로 무심한 듯 다정하게. 그렇지만 매우 또렷한 발성으로 '결혼 축하드려요'라는 완벽한 일곱 글자를 입 밖으로 꺼낸 것이다.
한 문장이 이렇게나 여러 측면에서 해석될 수 있는지,

나는 굳이 또 그렇게까지 받아들이는지 스스로도 이상했다. 창구에서 자리를 뜨던 짧은 순간, 슬로모션처럼 이 모든 생각이 머릿속을 스쳐 지나갔고 뒤돌아서니 왈칵 눈물이 쏟아질 뻔했다.

'인정받는 느낌이란 이런 거구나.'

법은 우리를 거절했지만, 사람은 우리를 거절하지 않은 기분이 들었다.

이 순간의 장면과 내 기분에 대해 여기저기에 자랑을 많이 했다. 신기하게도 매번 입 밖으로 꺼내거나 다시금 떠올릴 때마다 눈시울이 뜨거워진다. 그녀가 우리에게 건 '결혼 축하드려요' 마법의 주문에라도 빠진 것처럼.

우리가 사는 동안 내내 법적으로 결혼할 수 없다면, 그래서 이 마법이 풀리지 않는다면, 아마도 평생 눈물만 애틋이 흘리겠지. '남녀'가 결혼할 수 있다고 명시된 헌법이 '두 사람'이 되고, 혼인신고서에 적힌 '남편'과 '아내'의 호칭이 누군가에겐 당연하지만 누군가에겐 당연하지 않다는 걸 이 사회가 공인하는 날, 그저 민원실 번호표에 적힌 순서대로 우리도 마흔 쌍의 예비부부 중 단지 평범한 한 커플이 되는 그날이 오기 전까지는.

사실 이날의 비밀스러운 축복은 하나 더 있었다. 민원 창구 뒤에는 신혼부부가 혼인신고를 기념할 수 있도록 포토존이 꾸며져 있었다. 진한 핑크색 조화로 장식된 하트에 '앗싸! 우리 사랑', '꽃길만 걸어요' 같은 멘트가 새겨 있었다. 어느 관광지에 생뚱스럽게 놓인 조형물 같은 그 모습에 아무도 눈길을 주지 않을 것 같았다.

평소 같았으면 그냥 지나쳤겠지만, 담당 공무원의 축하 인사에 용기를 얻어 지나가던 다른 직원분에게 기념사진을 찍어달라고 요청했다. 우리 결혼의 증인으로 함께해준 성은과 윌리엄, 은송과 다 함께 사진을 찍었다. 나는 남편과 입맞춤을 했고, 성은은 복잡한 관계인 윌리엄과 입을 맞췄다. 은송은 허공에 입술을 삐쭉 내밀었다.

직원은 웃으면서 "인스타그램에 올릴 때 구청 계정을 꼭 태그해주세요!"라고 말한 뒤 몇 번씩이나 사진을 찍어줬다. 아직 법은 그대로이지만, 시민들은 조금씩 나아가고 있었다.

불수리 통지서를 들고 시끌벅적하게 구청 로비의 계단을 내려오며 인스타그램 앱을 열었다. 우리의 이상한 사진에 서대문구청 인스타그램을 태그해서 게시했다. 여러 사람의 축복이 담긴 이 사진은, 내가 인스타그램 계정을 운영한 이래로 가장 많은 하트와 메시지를 받았다.

나는 우리 사진이 구청 인스타그램에 지워지지 않고 남아있는지 이따금 확인하곤, 잘 있는 것을 보고 안심하고 있다(혹시 독자분들 중에서도 이날의 우리 모습이 궁금하다면, 서대문구청 공식 인스타그램 계정에 2024년 8월 21일에 태그된 사진을 찾아보시고, 하트를 눌러주시면 좋겠다).

이 모든 순간이 운명이었는지, 같은 뜻을 지닌 변호인의 도움을 받아 2024년 10월 10일, 우리는 법원에 혼인신고 불수리 처분에 대한 불복 소송을 제기했다. 국가로부터 받은 혼인신고 '불수리 통지서'에 적힌 '동성 간의 혼인신고'라는 거부 이유를 거부하며, 성별과 상관없이 사랑하는 두 사람이 한 가정을 이룬 '부부'임을 증명하는 긴 여정을 시작하기로 한 것이다.

이 소송엔 우리를 포함해 결혼을 반려당한 열한 쌍의 커플이 원고로 참여했다. 내가 원고 중 한 사람으로서 할 수 있는 건, 거절당할 용기로 시도한 작은 마음이 더 큰 변화의 계기가 되기를 바라는 일뿐이다. 아직은 불가능한 세계에 살면서 가능한 미래를 낙관할 수만은 없지만, 그럼에도 불구하고 국가의 지연된 응답을 두 손 모아 기다려보기로 했다. 적어도 인생의 낯선 여정 앞에서 '결혼 축하드려요'라는 마법의 주문과 거짓말하지 않는 내 눈시울을 믿어보기로 했다.

'인정받는 느낌이란 이런 거구나.'
법은 우리를 거절했지만,
사람은 우리를 거절하지 않은 기분이 들었다.

건물주가 되기 위한 조건

○ ○

　서울에서 사무실을 구하기란 이상형을 만나는 것만큼 어렵다. 월세를 감당하기에 너무 비싸거나, 혹은 오랫동안 관리되지 않은 채 방치된 공간이거나, 아니면 재개발을 앞두고 있거나.

　내 집 마련은 이미 포기 상태인데 마음에 드는 10평짜리 사무 공간을 구하는 것도 이렇게 어려운 일이라니. 그러던 중, 우연히 지금의 사무실 건물을 발견했다. 1970년대생 귀여운 꼬마 빌딩으로, 화사한 연노랑 외벽에 레트로한 주황색 바닥 타일과 회색 철제문, 테라조 바닥과 2000년대에 보수된 하얀 창호 그리고 수세식 화장실까지, 50여 년의 흔적을 고스란히 간직한 오래된 건물이다.

버스를 타고 한강대로를 지날 때마다 이 건물의 정체가 궁금했다. 선거철마다 정치인 현수막이 붙어있었기 때문인데, 특이하게도 진보와 보수를 따지지 않고 양당의 현수막이 걸리곤 했다. 물론 정치인이 정당을 옮긴 이유도 있겠지만, 건물주의 남다른 포용력을 추측할 수 있었다.

왕복 8차선의 대로변에 있는 이 건물은 1990년대에 철거된 '삼각지 교차로'의 과거 사진에서도 보일 정도로, 그 당시엔 이 동네에서 가장 높은 건물이었다. 지금 건너편에는 으리으리한 고급 주상복합 빌딩이 들어섰지만, 골목 사이사이에 자리한 노포들처럼 이 건물은 여전히 동네의 터줏대감 같은 존재감을 뽐내고 있다.

반세기 동안 얼마나 많은 사람이 이곳을 거쳤는지 알 수도 없고, 현재 입주된 업종도 다양하다. 정당 사무실부터 부동산, 언론사, 카페 그리고 나까지. 산업화 시기부터 오늘날까지 이 건물의 생명이 유지될 수 있었던 비결은 뭘까.

이 건물을 처음 보러 왔을 때 꼭대기에 살고 있는 건물주를 우연히 만났다. 서울 한복판 알짜배기 건물을 소유하고 있는 사람은 누굴까 궁금하던 차였다. 건물주는 의외로

소탈한 모습을 한 할머니였는데, 자신을 닮은 강아지를 한 손에 앉고 계셨다. 일흔은 넘어 보이는 연세에도 곧은 허리로 1층부터 5층까지 계단을 오르락내리락했다.

공인중개사의 소개로 이 건물을 처음 구경할 때만 해도 계약하게 될 줄은 예상하지 못했다. "들어와서 보고가"라며 할머니께서 직접 매물을 소개해준 게 행운이었다. 오래된 철문을 열고 안을 둘러보는데 속으로 '바로 이곳이다!' 싶은 감이 왔다.

좌우 진영 논리를 극복하고 지역구 국회의원 당선자를 4회 연속 배출한 그 사무실이었다. 나는 무엇보다 커다란 창 너머로 남산타워와 대통령실이 내다보인다는 점이 아주 매력적이었다. '남산타워 뷰', '대통령실 뷰'라고 하면 좋을까? 건축적으로 '뷰'는 곧 권력이니까.

'뭐지, 이 기운은?'

내가 자리를 뜨자마자 '임대'라고 쿨하게 달력 뒷면에 유성 매직으로 갈겨 쓴 문구가 창에 붙었다. 경험에서 온 자신감이 느껴졌다. 밖에서 그 종이를 보고 나니 더욱더 이곳을 계약하지 않으면 못 배길 것 같았다.

누군가에겐 이 오래된 건물이 그다지 매력적이지 않을

수 있다. 오래된 건물은 그만큼 신경 쓸 일도, 손볼 것도 많다.

    이 건물은 일단 화장실부터 말썽이었다. 임대 계약과 동시에 화장실 고치는 일부터 시작했다. 수세식 변기를 좌변기로 교체하고, 을지로에서 구매한 아담한 하얀색 세면대를 새로 설치했다. 눈높이에 맞는 거울도 유리집에서 잘라와 붙였다.

    인테리어의 시작이자 끝이라고 할 수 있는 기초 공사도 DIY로 해결했다. 창문을 뜯어 새까만 먼지를 물로 씻어내고, 벽에 붙어있던 모든 것을 떼내고 균열을 깔끔하게 마감했다. 그 위를 계란껍질처럼 매끄러운 하얀색 무광 페인트로 칠했다. 가구 배치에 맞게 전기선을 다시 배열하고 천장엔 동그랗고 커다란 이사무 노구치의 아카리 조명과 알루미늄 재질의 2000년대 이탈리아 빈티지 조명을 달았다. 알록달록한 조명이 공간을 채웠다. 제법 반듯해지는 모양새가 갖춰졌다. 마지막으로 켜켜이 때가 쌓인 타일 바닥은 전문 청소 업체를 불러 스팀 세척하고 왁스 칠을 했다.

    이마에 송골송골 맺힌 땀을 닦아내며 약 2주 간의 기본 인테리어를 마쳤다. 처음 마주한 아무 것도 없던 깨끗한 공간의 모습을 잊지 못한다. 바닥의 주황빛이 드디어 반짝이는 모습을 드러냈고, 이전의 낡고 칙칙한 모습은 잘 기억나지 않을 정도였다.

    초여름의 인테리어 공사 기간 동안 건물주 할머니는 매일같이 간식을 갖다주셨다. 은색 오봉쟁반에는 인절미 과자나 시원한 사과즙, 홍삼 스틱이 놓여있었다. 공사가 거의 막바지에 다다랐을 무렵 양념치킨을 사다 주실 땐 깨끗한 일회용 비닐장갑까지 챙겨주셨다. 바삐 일하는 중에 구태여 손 씻으러 가지 말고 편하게 먹으라는 배려였다.

    그 뒤로도 대청소를 하거나, 보수가 필요한 부분을 손보면 음식이든 돈이든 그만큼의 보상을 군말 없이 해주셨다.

    한 번은 화장실의 수도관에 균열이 생겨 물이 바닥에 흥건하게 고이는 일이 있었는데, 할머니 혼자서 직접 시멘트로 보수하는 일도 마다하지 않았다. 공용으로 사용하는 휴지통은 거르는 날 없이 비워졌다. 이른 아침부터 수시로 계단을 쓸고 닦는 걸로 보아 건물에 굉장한 애정을 갖고 계신 게 분명했다.

    한 지붕 아래 생활을 공유하면서 건물주 할머니의 생활

을 유심히 들여다보게 됐다. 교회를 성실하게 나가신다는 것, 반려견을 잘 보살피신다는 것, 이웃들과 사이좋게 지내신다는 것 정도가 관찰한 바다. 평범한 사람은 평생 벌지도 못할 가치의 건물을 소유하고 있지만, 엘리베이터 없는 계단을 매일 오르내리는 검소한 모습은 잘 알고 있다. 아마도 내게 건물주의 삶이 주어진다면 편한 곳으로 이사를 하거나, 대부분의 사람들이 출근해서 일하고 있을 때 유유히 여유를 부릴텐데…. 할머니는 내가 상상했던 건물주와는 정반대의 이미지라서 내심 놀라웠다. 부자인데 겸손하고 겉으로 티내지 않는 사람, 완전 내 롤모델 그 자체였다.

반려견과 산책하는 할머니의 뒷모습을 바라보며 "나도 저렇게 살고 싶다…"라고 혼잣말한 적이 있다. 마침 사무실에 놀러온 친구가 "너도 건물 있으면 그렇게 살 수 있을 거야"라고 대답했다. 영화 〈기생충〉의 대사처럼, '부자인데' 착한 게 아니라, '부자니까' 착한 걸까? 무엇이 더 먼저인지는 잘 모르겠지만, 내가 다 알지 못하는 세상일이라는 게 있는 거니까.

사무실 구하기는 비즈니스 파트너를 찾는 일과 비슷하다. 사용하는 사람 입장에서는 일종의 투자이기도 하고,

이곳에 자리를 잡거나 혹은 성장해서 언젠가 떠나야 하는 게 자본주의의 순리다. 하지만 그 틈에서 어쩌면 임대 계약이라는 이름으로 정을 나누고 있는지도 모른다.

갑과 을로 나뉜 요즘 시대에 지나치게 낭만적인 생각이라고? 새롭게 일터를 꾸린 입장에서는 그렇게 믿고 싶다. 살다 보면 학교와 회사가 아닌 의외의 곳에서 삶의 지혜와 살아가는 방식을 배우고, 자기계발서에 나오는 조언과 성공담이 행복한 삶을 위한 전부는 아니라는 것을 알게 된다.

계약서에 사인하던 날, 할머니가 해맑게 웃으며 해주시던 말을 종종 떠올린다. "여기선 다 잘돼서 나갔어. 그러니까 총각도 좋은 일 생겨서 나가요." 그리고 20년 동안 월세를 한 번도 올리지 않았다는 말도 덧붙였다. 나는 그 말이 진심이란 걸 안다.

'건물주'가 꿈이 되는 시대, 건물주가 되는 일은 물론 어렵다. 특히 서울에서는 말이다. 그런데 건물주로 어떻게 살아갈지는 또 다른 문제다. 나는 이곳에서 할머니가 오래된 건물을 대하는 방식, 머무는 사람들을 대하는 태도를 배우고 싶었다. 이 건물 자체가 할머니 같다고도 생각했다.

이곳을 돌보는 할머니가 없다면 이 건물도 아마 다른 모습일 테니까.

    지금도 할머니가 쪄준 감자를 먹으며 이 글을 쓰고 있다. 나는 당분간 이 건물을 무척 사랑하게 될 것 같다. 아니, 이미 그러고 있다.

그때 그 끼순이들은
지금 어디에 있을까

○ ○

두 명의 끼순이가 무대에서 노래를 부르고 있다. 때는 바야흐로 2000년대 중반, 영등포구가 주최한 청소년 음악 경연대회장. 무대 조명이 켜지고 천상지희의 〈Too Good〉 반주가 깔린다. 꽉 찬 객석에서는 두 남학생이 걸그룹의 노래를 맛깔스럽게 소화하는 낯선 풍경에 당황한 듯 웅성대는 소리가 들린다.

호리호리한 몸매와 미성을 소유한 두 사람은 떨리는 목소리로 화음을 켜켜이 쌓아가며 무대를 채우고 있었다. 그 4분 동안 객석의 남학생들은 "게이 새끼들", "더러워!"라며 험한 야유와 욕설을 내뱉었다. 내가 참가했던 풍물패

친구들도 마찬가지였다. 특히 내게 종종 "너 남자 좋아하지?"라고 공격적으로 물어봤던 애가 혐오에 앞장섰다. 일부러 나 들으라는 듯이 내 귀에다 대고 말하는 것만 같았다. 어디론가 숨고 싶었지만 아무런 대꾸도 하지 못하고 멀뚱히 서있었다.

처음 행사 참가자 명단을 보고 나는 제발 그들이 무대에 오르지 않기를 속으로 바랐다. 내가 무대에 오른 것처럼 벌써부터 부끄러운 기분이었다. 무대를 보는 내내 친구들과 같이 비웃을 수도, 용기 내서 응원할 수도 없어서 고통스러울 내 모습이 훤히 그려지기도 했다.

한 쌍의 전설적인 끼순이는 내가 다니는 학교까지 소문이 날 정도로 대단히 유명했다. 내 주위 남학생들은 "○○고에 호모 둘이 있대", "둘이 잤겠지?" 따위의 말을 아무렇지 않게 입에 담곤 했다. 그밖에도 '하굣길에 마주쳤는데 생긴 게 어쨌다'는 둥, '자기가 쳐다보니까 말을 걸었다'는 둥 별별 말이 다 오갔다. 스마트폰도 유튜브도 없던 당시 학생 사회에서 끼순이의 존재는 여러모로 삐뚤어진 아이들의 욕받이가 되기 딱 좋았다.

그날의 기억은 내가 성인이 되고 서서히 잊혀졌다. 한데 영화 〈미쓰 홍당무〉를 보다가 '아! 그런 애들이 있었지!' 하고 퍼뜩 떠올랐다.

영화의 클라이맥스, 찌질함의 끝판왕인 교사 '미숙'(공효진 분)과 전교 왕따 '종희'(서우 분)가 학교 축제 무대에 함께 오르는 장면은 흡사 그날의 재연이라고 해도 무방할 정도로 싱크로율이 높았다. 누구에게도 사랑받지 못하지만 누구보다 열심히 사는 캐릭터이자 특유의 애잔한 매력으로 무장한 미숙과 종희의 관계는 극 중에서 단순한 우정을 나눈 관계 이상으로 묘사된다.

나는 영화를 다 보고 나서 어째서 남들에게 비난받는 데 익숙하고 노력해도 사랑받지 못한 10대를 보낸 이들에겐 '그런 순간'이 공통적으로 있는 건지 알고 싶었다.

SG 워너비를 위시한 소몰이 발라드와 밴드 버즈의 록발라드가 음악계를 호령하던 그때, 우아한 정통 R&B 발라드를 선곡한 것도, 인기 없는 걸그룹의 노래를 선택한 것도 정말이지 그들이 격이 다른 끼순이였기에 가능한 일이었다. 동시대 서울의 한 동네를 호령했던 끼순이라니. 그때 그 두 사람이 어떻게 그 무대까지 오르게 됐는지는 그때의 소심한 10대의 나는 물론, 30대가 된 지금도 가늠할 수 없다. 애매하게 설익은 끼를 가진 나 같은 '설끼' 부류에겐 더더욱. 하나 이제는 외려 그 당당함과 용기가 닮고 싶을 뿐.

'끼순이'는 오랜 시간 게이 커뮤니티 안에서 남성적인 매력이 없는 사람을 지칭하는 멸칭으로 통용돼 왔지만, 세상을 살다 보니 끼순이란 존재는 이 각박한 세상을 좀 더 아름답게 만드는 능력을 가진 자들임에 틀림없다.

비난과 혐오가 판치던 무대에 오른 순간을 두 끼순이들은 어떻게 기억할지 모르지만, 적어도 영화 〈미쓰 홍당무〉 속 두 캐릭터들에게 '그날'의 경험은 차가운 세상을 향한 일종의 저항이었고, 자신들의 노력과 우정을 확인하는 짜릿한 순간이었다. 비록 아무도 알아주지 않는다 해도 '내가 하고 싶은 대로, 나답게 살 거야' 같은 자기 본위의 마음은 수백 명의 손가락질 따위를 마법처럼 지워버린다. 아니, 그것조차 자신들의 무대 배경으로 만들어버리기 충분하다.

남들보다 살짝 하이 톤의 목소리, 고양이를 연상시키는

도도한 걸음걸이 그리고 누구 앞에서도 기죽지 않는 당당함까지. 끼순이들의 끼는 어쩌면 아무한테나 주어지지 않는, 선택받은 자들에게만 주어진 신의 축복과도 같은 선물이 아닐까. 답답한 세상에서 좀 더 즐겁게 살아가라고. 사람들에게 즐거움을 주라고. 어쩌면 사람은 누구나 태어날 때 까무러치게 울듯 저마다 끼를 가지고 있지만 점점 자라면서 그 끼를 감추고 살아가는 걸 수도 있다.

그래서 두 끼순이는 지금 어디서 어떻게 살고 있을까? 아마도 이태원의 클럽이나 종로의 술집에서 한 번쯤 우연히 마주쳤을지도 모른다.

시간이 많이 흘렀지만 그때 못했던 이 말을 꼭 전해주고 싶다. 너희의 당당한 모습은 오늘날 누군가의 워너비이자 팬심을 자극하는 인플루언서나 100만 구독자를 가진 유튜버 못지않게 자랑스러웠다고. 다만 시대를 조금 앞서나간 것 같다고. 그때부터 지금까지 오랜 시간 내게 용기를 줬다고. 너희가 함께 불렀던 천상지희의 노래는 말 그대로 하늘이 선물한 기쁨의 하모니였다고.

비록 아무도 알아주지 않는다 해도
'내가 하고 싶은 대로, 나답게 살 거야' 같은
자기 본위의 마음은 수백 명의 손가락질 따위를
마법처럼 지워버린다.

사랑을 찾아갈 거야

첫판 1쇄 펴낸날 2025년 7월 31일

지은이 정규환
발행인 조한나
책임편집 김유진
편집기획 김교석 문해림 김하영 박혜인 함초원 조정현
디자인 한승연 성윤정
마케팅 문창운 백윤진 김민영
회계 양여진 김주연

펴낸곳 (주)도서출판 푸른숲
출판등록 2003년 12월 17일 제2003-000032호
주소 서울특별시 마포구 토정로 35-1 2층, 우편번호 04083
전화 02)6392-7871, 2(마케팅부), 02)6392-7873(편집부)
팩스 02)6392-7875
홈페이지 www.prunsoop.co.kr
페이스북 www.facebook.com/prunsoop   **인스타그램** @prunsoop

ⓒ정규환, 2025
ISBN 979-11-7254-069-2 (03810)

* 이 책은 저작권법에 의해 한국 내에서 보호를 받는 저작물이므로
  무단전재와 복제를 금합니다. 이 책 내용의 전부 또는 일부를 사용하려면
  반드시 저작권자와 ㈜도서출판 푸른숲의 동의를 받아야 합니다.
* 잘못된 책은 구입하신 서점에서 바꾸어 드립니다.
* 본서의 반품 기한은 2030년 7월 31일까지입니다.